AF416075

סֵפֶר

עֵץ חַיִּים

לְרַבֵּינוּ

חַיִּים וִיטַאל זַצַ"ל

שֶׁקִּיבֵּל מִמָּרָן הָאֲרִ"י זְלָהַ"ה

שַׁעַר סֵדֶר הָאֲצִילוּת

שַׁעַר ג' פֶּרֶק ג'

דרי"ז ע"ב – דרי"ז ע"ג

תש"פ

SimchatChaim.com

בְּהוֹצָאַת

שִׂמְחַת חַיִּים

בס"ד

הקדמה

ירפא **ה**מאציל **ו**יושיע **ה**בורא את כל חולי בני ישראל, וישלח להם רפואה שלימה, רפואת הנפש ורפואת הגוף, בכל אבריהם ובכל גידיהם לעבודתו יתברך.

בי"ב במנחם אב תשס"ה, הובהלתי לבית החולים, הרופאים לא נתנו לי סיכוי לחיות יותר מכמה שעות בגלל מספר תסבוכות. עם כל זאת בזכות התפילות של בני ישראל הקדושים, ברחמיו הרבים, ריחם עלי הקדוש ברוך הוא, ונשארתי בחיים.

עם כל זאת, הובחנה אצלי מחלה קשה בכליות, ונאמר לי שהצטרך למכונת דיאליזה. בשבילי זה היה שוק!!! אף פעם לא הייתי אצל רופא, או בבית חולים. כך בעל כרחי התחברתי למכונת דיאליזה, ומכונה זאת הייתה[1] קשורה בי ככלב במשך שמונים חודשים בדיוק, כמניין **יסוד**, במשך 10-12 שעות ביום.

בשבת פרשת **ויחי יעקב** י"ב טבת תשע"ב, בזכות בני ישראל, שכולם אהובים כולם ברורים כולם גיבורים כולם קדושים... וכולם פותחים את פיהם באהבה שלוש פעמים ביום, ואומרים - **ברוך אתה... רופא חולי עמו ישראל**, וכללותם כל האברכים, תלמידי הישיבות, רבנים וחכמים, חסידים, מקובלים עם תינוקות של בית רבן, זקנים עם נערים, בחורים וגם בתולות, בארץ הקודש ובעולם. ומצד שני בנות ישראל היקרות מפז, שהתפללו וקבלו עליהם כל מיני קבלות, מהפרשת חלה עד צניעות וכיסוי הראש, עם הרבנים, המנהלים, המורים, המורות **והתלמידות של בית יעקב דטורונטו** שכל יום התפללו, וכללו בתפילתם שבקעה את כל הרקיעים אותי, ונושעתי אני הקטן. הושתלה בי כליה. והתנתקתי ממכונת הדיאליזה.

אמר המלך דוד - לולי[2] תורתך שעשעי אז אבדתי בעניי. מה שנתן לי חיות היא התורה הקדושה, בשעות הרבות שהייתי מחובר למכונת הדיאליזה)כ12 שעות ביום(, ערכתי סדרתי וכתבתי במחשב את קונטרסים שלמדתי במשך שנים. וקונטרסים אלו הפכו לחיבור, ואחרי התלבטויות ובקשות מבני גילי, החלטתי בעזרתו יתברך להדפיס קונטרסים אלו.

ידוע הוא כי כל דברי האר"י זלל"ה ותלמידו נאמן ביתו, רבינו חיים ויטאל הם סתומים וחתומים באלפי שרשראות ומנעולים, והרב ז"ל גלה טפח וכיסה אלפים אמה, וכלל דבריהם הוא משלים, עם כל זאת העוסק במשל פועל בעלמות העליונים בנמשל. לכן צריך זהירות גדולה לא להגשים את המשלים, בסוד המבואר בספר הזוהר הקדוש **ועלייהו אתמר** ועליהם נאמר - **ארור האיש אשר יעשה פסל ומסכה וגומר, ושם בסתר, מאי בסתר** מהו בסתר - **בסתרו דעלמא** בסתר של העולם. **ובגין דא אמר קודשא בריך הוא לא תעשון אתי** ומפני זה אמר הקדוש ברוך הוא לא תעשון אתי **אלה"י כסף ואלה"י** זהב, **והכי אוקמוה תבריא לא תעשון אתי כדמות שמשי שמשמשין אותי** וכך העמידוהו החברים לא תעשון אתי כדמות שמשי שמשמשים אותי במרום, **לצייר בסתר דילי שום ציור או דמיון** לצייר בסתר שלי שום ציור או דמיון, **דכל מאן דצייר לעיל לקודשא בריך הוא** שכל מי שמצייר למעלה לקדושה ברוך הוא, בסתר)**דאיהי שכינתיה, כלילא מעשר**

---

[1]

גמרא סוטה ד"ג ע"ב – רבי אלעזר אומר, **קשורה בו ככלב**, שנאמר - ולא שמע אליה לשכב אצלה להיות. עמה לשכב אצלה בעולם הזה. להיות עמה לעולם הבא.

[2]

תהלים קי"ט צ"ב

ספיראן שהיא שכינתו, כלולה מעשר ספירות(, **שום ציור, וצלם, ודמות,** כגוונא דמצייירין בשמשין דיליה שמצייירים בשמשים שלו, **נשמתיה אתלבשא בההוא צלמא** נשמתו מתלבשת באותו צלם.....

וכן הוא בסוף ענף ד' דשער א' בספר עץ חיים שער ההקדמות, וז"ל הטהור - ואמנם דבר גלוי הוא כי אין למעלה גוף ולא כח גוף חלילה. וכל הדמיונות והציורים אלו לא מפני שהם כך חס ושלום. אמנם **לשכך את האוזן** לכשיוכל האדם להבין הדברים העליונים, הרוחניים, בלתי נתפסים, ונרשמים בשכל האנושי. לכן ניתן רשות לדבר בבחינת ציורים ודמיונים, כאשר הוא פשוט בכל ספרי הזוהר. וגם בפסוקי התורה עצמה כולם כאחד עונים ואומרים בדבר הזה, כמו שאמר הכתוב עיני הוי"ה המה משוטטים בכל הארץ. עיני הוי"ה אל צדיקים. וישמע הוי"ה. וירח הוי"ה. וידבר הוי"ה. וכאלה רבות. וגדולה מכולם מה שאמר הכתוב - ויברא אלהי"ם את האדם בצלמו בצלם אלהי"ם ברא אותו זכר ונקבה וגו'. **ואם התורה עצמה דברה כך** גם אנחנו נוכל לדבר כלשון הזה, עם היות שפשוט הוא למעלה שם אין שם אלא אורות דקים בתכלית הרוחניות, בלתי נתפשים שם כלל, וכמו שאמר הכתוב - כי לא ראיתם כל תמונה, וכאלה רבות. ואמנם יש עוד דרך אחרת כדי להמשיך ולצייר בה הדברים העליונים, והם בחינת כתיבת צורת אותיות, כי כל אות ואות מורה על אור פרטי עליון, וגם תמונה זו דבר פשוט הוא כי אין למעלה לא אות ולא נקודה, **וגם זה דרך משל וציור לשכך את האוזן** כנזכר.....

ולכן כל המבואר כאן בחיבור זה הוא כדי **לשכך את האוזן.** והתרשימים שבסוף החיבור הם כדי **לשבר את העין**, לכן אין שום ביאור והסבר שלם, ואין שום תרשים שלם בתכלית השלמות.

ידוע כי[3] דברי תורה עניים במקומן ועשירים במקום אחר, **ועל אחת כמה וכמה** בדברי הרב ז"ל, שכל סוגיה חסרה[4] במקומה, וחלקיה מפוזרים במקומות אחרים. **זאת ועוד** הרב ז"ל מערבב בדרוש אחד כמה וכמה סוגיות, כאשר בפשטות דבריו נראה שכל הדרוש הוא דרוש אחד, ולא מחולק לסוגיות שונות, ושמועות שונות, **ביאור** דברי הרב ז"ל כאן הם **בעומק, והוא בעצם ליקוט** עד איפה שידי הקצרה הגיעה, מכל חלקי ספר עץ חיים, ושמונה השערים המצויינים לרב ז"ל, מבוא שערים ושאר ספרי הרב ז"ל, והוא גם על פי הקדמת רחובות הנהר למרן הרש"ש, דרושי פנימיות וחיצוניות, דרוש הדעת, סוגיות ערכין, סוגיות דכללות והתכללות, פרטות וכללות, וסוגיות עובי ואורך, ועל פי ביאור גדולי רבותינו חכמי המקובלים לדורותם זלה"ה זי"ע.

ידוע כי[5] אין בר בלי תבן, כך אין ספר בלי טעויות, ועוד יודע אני כי דל ועני אני, **ואין**[6] **עני אלא בדעה.** לכן מבקש אני בכל לשון של בקשה אם יש לכל אחד שאלות, הערות, הארות, תיקונים, נא לשלוח ל - book@simchatchaim.com והשתדל לענות, ולתקן את הצריך תיקון.

בברכה והצלחה בלימוד התורה הקדושה

ובעיקר בפנימיות התורה, תורת האר"י הח"י.

ורפואה שלימה לכל חולי ישראל.

אח"י

---

[3]

גמרא ירושלמי, ראש השנה פ"ג הלכה ה' די"ז ע"א – דברי תורה עניים במקומן, ועשירים במקום אחר.

[4]

תורת חכם דע"ב ע"ב – חסר לשון הוא, כמו שיראה המעיין.

[5]

גמרא ברכות נ"ה א' - מה לתבן את הבר נאם ה', וכי מה עניין בר ותבן אצל חלום, אלא אמר ר' יוחנן משום ר' שמעון בן יוחאי, כשם שאי אפשר לבר בלא תבן, כך אי אפשר לחלום בלא דברים בטלים.

[6]

גמרא נדרים מ"א ע"א – אין עני אלא בדעה .

ב"ה

הקדמה קצרה לחיוב לימוד תורת הקבלה

ישמחו **ה**שמים **ו**תגל **ה**ארץ ירעם הים ומלאו. שזכינו בדור שלנו שפנימיות התורה, שהיא היא תורת הקבלה, מתפשטת לכל, וכל מקום בעולם היום לומדים בתורת הח"ן. הדור שלנו יש הרבה התעוררות ללמוד סתרי התורה הקדושה, הנקראת חכמת הקבלה. בירושלים של המאה ה18 בישיבת **בית אל** היו בקושי מנין של מקובלים, והיום תורת הקבלה מופצת בכל מקום בארץ ובעולם. לעניות דעתי אחת הסיבות העיקריות לשינוי זה הוא רצונם של בני התורה, החוזרים בתשובה ועמך לדעת את סוד החיים, למה ברא הקדוש ברוך הוא את העולם, ואת טעמי המצות, ר"ל אי אפשר היום בדור שלנו, להסביר על פי הפשט את הסיבה מדוע אסור לאכול בשר וחלב, מדוע צריך להניח תפילין, למה לשמור דווקא שבת ולא יום שלישי, אי אפשר להגיד כל הזמן **זאת גזרת הכתוב, כך רוצה הקדוש ברוך הוא**, האנשים מחפשים הסברים למצות, לסיפורי התנ"ך, לגלגולי נשמות, ועוד. ורק על ידי עסק בפנימיות התורה, אדם מסיג את ההסברים לקושיות שיש לו. **זאת ועוד** חיים אנחנו בדור של חומריות, והאנשים מחפשים את הרוחניות שבחיים, אז מה עושים, נוסעים למזרח, להודו, סין, תאילנד למצוא רוחניות, ולא יודעים **ששורש כל הרוחניות בעולם נמצאת בתורה הקדושה**, עם כל זאת כאשר הלומד את פשט התורה, **הוא לא מכיר** את הקדוש ברוך הוא, והוא בלי יראת שמים ושמחה אמתית. כותב הרב המקובל האלוה"י רבינו יהודה פתייה בפרושו הנפלא על עץ חיים - כי לימוד עץ חיים הוא עמוק מאד מאד, כי הוא **מים שאין להם סוף**, והוא קשה מאד גם לחכמים ההוגים בו תמיד, וכל שכן למתחילים. כי הוא חזק מצור, וקשה מברזל, שאי אפשר לחצוב ממנו מאומה, אם לא על ידי כלי מחצב חזקים כציפורן שמיר. וכל המתחיל בלימוד עץ חיים, אם לא יהיה לו רב, או לפחות איזה מפרש המפרש לו כוונת הפרק ההוא לפי פשוטו, נבול יבול, ואינו יכול לעמוד על הפרק כי אם לאחר יגיעה רבה, ושקידה עצומה, וכולי האי ואולי. כי הרבה פעמים יסבור המעיין שהבין העניין ההוא כראוי, ואחר שילמוד עוד איזה פרקים אחרים, ירגיש כעצמו שלא הבין את פרקים הקודמים, והניסיון יעיד על זה, עד כאן דברי קודשו. עם כל זאת חייב כל אדם לעסוק בתורת ה**חיים**.

צדיק אתה הוי"ה וישר משפטיך. כתב הרב רבינו חיים ויטאל ז"ל בהקדמה לשער ההקדמות - והנה מה שכתב בתחילת דבריו, ואפילו כל אינון דמשתדלי באורייתא כל חסד דעבדי לגרמייהו וכו', עם היות שפשטו מבואר ובפרט בזמנינו זה, בעוונותינו היום אשר התורה נעשית קרדום לחתוך בה אצל קצת בעלי תורה, אשר עסקם בתורה על מנת לקבל פרס, והספקות יתירות, וגם להיותם מכלל ראשי ישיבות, ודיני סנהדראות, להיות שמם וריחם נודף בכל הארץ, **ודומים במעשיהם לאנשי דור הפלגה הבונים מגדל וראשו בשמים**, ועיקר סיבת מעשיהם היא מה שאמר אחר כך הכתוב - **ונעשה לנו שם**... והנה על הכת הזאת אמרו בגמרא כל העוסק בתורה שלא לשמה, נוח לו שנהפכה שלייתו על פניו, ולא יצא לאויר העולם. ואמנם האנשים האלה מראים תימה וענוה באמרם כי כל עסקם בתורה הוא לשמה. והנה החכם הגדול התנא רבי מאיר ע"ה העיד עליהם שלא כך הוא, באומרו לשון כללות - כל העוסק בתורה לשמה זוכה לדברים הרבה וכו', **ומגלים לו רזי תורה, ונעשה כנהר שאינו פוסק**, והולך

וכמעיין המתגבר מאליו, בלתי הצטרכו לטרוח ולעיין בה, ולהוציא טיפין טיפין של מימי התורה מן הסלע, הנה זה יורה שאינו עוסק בתורה לשמה כהלכתה, ומי זה האיש אשר לא יזלו עיניו דמעות בראותו המשנה הזאת, **ורואה חסרונו ופחיתותו**, עד כאן לשונו. לכן כל אחד צריך לטעום מעץ החיים.

חצות לילה אקום להודות לך על משפטי צדקך. כתב רבינו אליהו מני זצ"ל רבו של הרי"ח הטוב, בספרו הקדוש כסא אליהו שער ד' וז"ל - ואם זיכך הוי"ה ללמוד בחכמת האמת, הנה עצה היעוצה היא שכל סדר הלימוד בנגלה תתנהג בו ביום דווקא. **אבל בלילה תלמוד בחכמת האמת, והעיקר הלימוד אחר חצות**, כי זה הלימוד צריך ישוב דעת הרבה, וכשיקוץ האדם אז דעתו מיושבת עליו יותר. גם גה הלימוד צריך הסתר והצנע, **וכל דבר שיהיה בלילה ובפרט אחר חצות יהיה נסתר יותר מן היום**. ותעשה ועד עם החברים בבית המדרש אם הוא צנוע, **או בביתך ותלמדו בכל לילה**, עד כאן לשונו. וישב ללמוד בלילה תחת עץ החיים.

קראתי בכל לב עניי הוי"ה חקיך אצרה. בהקדמה[7] לשער ההקדמות מבאר הרב ז"ל - ואמנם אל יאמר אדם אלכה לי ואעסוק בחכמת הקבלה, מקודם שיעסוק בתורה במשנה ובתלמוד, כי כבר אמרו רבינו ז"ל - אל יכנס אדם לפרדס **אלא אם כן מלא כריסו בבשר וייין**, והרי זה דומה לנשמה בלתי גוף, שאין לה שכר ומעשה וחשבון, עד היותה מתקשרת בתוך הגוף, בהיותו שלם מתוקן במצוות התורה בתרי"ג מצות. **וכן בהפך** בהיותו עוסק בחכמת המשנה והתלמוד בבלי, ולא ייתן חלק גם אל סודות התורה וסתריה, כי **הרי זה דומה לגוף היושב בחושך**, בלתי נשמת אדם נר הוי"ה המאירה בתוכה, **באופן שהגוף יבש בלתי שואף ממקור חיים**, אשר זהו ענין אומרו במקום אחר ההוא הנזכר לעיל וז"ל - דאילין אינון דעבדי לאורייתא יבשה, ולא בעאן לאשתדלא בחכמת הקבלה וכו'. באופן כי התלמידי חכמים העוסקים בתורה לשמה, ולא לשמו, לעשות לו שם. צריך שיעסוק בתחילה בחכמת המקרא, והמשנה, והתלמוד, כפי מה שיוכל שכלו לסבול. ואחר כך יעסוק לדעת את קונו בחכמת האמת, וכמו שציוה דוד המלך ע"ה את שלמה בנו - דע את אלה"י אביך ועבדהו. ואם האיש הזה יהיה כבד וקשה בענין העיון בתלמוד, מוטב לו שיניח את ידו ממנו, אחר שבחן מזלו בחכמה זאת, ויעסוק בחכמת האמת. וזה שמבואר כל תלמיד חכם שאינו רואה סימן יפה בתלמוד בחמשה שנים, שוב אינו רואה, עד כאן דברי קודשו. ומזה כל אחד ואחד חייב להדבק במקור החיים.

חסדך הוי"ה מלאה הארץ חקיך למדני. בשער הגלגולים, בקדמה ט"ז כתב הרב ז"ל - עוד צריך שתדע, כי האדם צריך לקיים כל התרי"ג מצות, במעשה, ובדבור, ובמחשבה. וכמו שאמרו ז"ל על פסוק - זאת התורה לעולה ולמנחה וכו', כל העוסק בפרשת עולה, כאלו הקריב עולה וכו'. וכוונו בזה שהאדם מחוייב לקיים כל התרי"ג מצות בדבור, וכן על דרך זה במחשבה. ואם לא קיים כל התרי"ג בשלשה בחינות הנזכרות, מחוייב להתגלגל עד שישלים אותם. **עוד דע**, כי האדם מחויב לעסוק בתורה בארבעה מדרגות, **שסימנם פרד"ס**, והם, פשט, רמז, דרוש, סוד וצריך שיתגלגל עד שישלים אותם. ובהקדמה י"ז כותב הרב ז"ל - שהאדם **מחוייב לעסוק בתורה בארבעה מדרגות שבה**, והיא זאת, דע, כי כללות כל הנשמות

הם ששים רבוא ולא יותר. והנה התורה היא שרש נשמות ישראל, כי ממנה חוצבו, ובה נשרשו. ולכן יש בתורה ששים רבוא פירושים, וכלם כפי הפשט. וששים רבוא ברמז. וששים רבוא בדרש. **וששים רבוא בסוד.** ונמצא, כי מכל פירוש מן הששים רבוא פרושים, ממנו נתהווה נשמה אחת של ישראל, ולעתיד לבא כל אחד ואחד מישראל, ישיג לדעת כל התורה כפי אותו הפירוש המכוון עם שרש נשמתו, אשר על ידי הפרוש ההוא נברא ונתהווה כנזכר. וכן בגן עדן אחר פטירת האדם, ישיג כל זה. וכן בכל לילה כאשר האדם ישן, ומפקיד נשמתו ויוצאה ועולה למעלה, הנה מי שזוכה לעלות למעלה, מלמדים לו שם אותו הפירוש, שבו תלוי שרש נשמתו. ואמנם הכל כפי מעשיו ביום ההוא, כך באותה הלילה ילמדוהו, פסוק אחד, או פרשה פלונית, כי אז מאיר בו יותר פסוק ההוא משאר הימים. ובלילה האחרת יאיר בנשמתו פסוק אחר, כפי מעשיו של אותו היום, וכולם על דרך הפירוש ההוא אשר תלויה בו שרש נשמתו כנזכר, עד כאן דברי קודשו. ור"ל שכל יהודי ויהודי חייב להשיג את שורש נשמתו, וללמוד את סוד החיים.

לבאוני רחמיך ואחיה כי תורתך שעשעי. מבואר במדרש משלי - אמר רבי ישמעאל, בוא וראה כמה קשה יום הדין שעתיד הקדוש ברוך הוא לדון את כל העולם כולו בעמק יהושפט. בזמן שתלמידי חכמים באים לפניו, אומר לכל אחד מהם - כלום עסקת בתורה, אמר לו הן, אומר לו הקדוש ברוך הוא הואיל והודית, אמור לפני מה שקרית, ומה ששנית בישיבה, ומה ששמעת בישיבה. מכאן אמרו - כל מה שקרא אדם יהא תפוש בידו, ומה ששנה כמו כן, שלא תשיגהו בושה ליום הדין. מכאן היה רבי ישמעאל אומר - אוי הלה לאותה בושה, אוי לה לאותה כלימה, ועל זה ביקש דוד מלך ישראל בתפילה ובתחנונים לפני המקום ואמר - הוי"ה בוקר תשמע קולי בוקר אערך לך ואצפה. בא לפניו מי שיש בידו מקרא ואין בידו משנה, הקדוש ברוך הוא הופך את פניו ממנו, ושרי גיהנם מתגברים בו כזאבי ערב, ונוטלין אותו ומשליכין אותו לתוכה. בא לפניו מי שיש בידו שני סדרים או שלושה, אז הקדוש ברוך הוא אומר לו - בני, כל ההלכות למה לא שנית אותם, ואם אומר הקדוש ברוך הוא הניחוהו, מוטב, ואם לאו עושין לו כמידת הראשון. בא לפניו מי שיש בידו הלכות, הקדוש ברוך הוא אומר לו - בני, תורת כהנים למה לא שנית, שיש בה טומאה וטהרה, וטומאת שרצים וטהרת שרצים, טומאת נגעים וטהרת נגעים, טומאת נתקים ובתים וטהרת נתקים ובתים, טומאת זבים ולידה וטהרת זבים ולידה, טומאת מצורע וטהרתו, סדר וידוי יום הכיפורים, וגזירות שוות, ודיני ערכים, וכל דין שדנו ישראל לא דנו אלא מתוכו. בא לפניו מי שיש בידו תורת כהנים, אומר לו הקדוש ברוך הוא - בני, חמישה חומשי תורה למה לא שנית, שיש בהם קריאת שמע, ותפילין, ומזוזה. בא לפניו מי שיש בידו חמישה חומשי תורה, אומר לו - בני, למה לא למדת הגדה, ולא שנית, שבשעה שחכם יושב ודורש, אני מוחל ומכפר עוונותיהם של ישראל, ולא עוד אלא בשעה שעונין אמן יהא שמיה רבה מברך, אפילו נחתם גזר דינם אני מוחל ומכפר להם עוונותיהם. בא לפניו מי שיש בידו הגדה, אומר לו הקדוש ברוך הוא - בני, תלמוד למה לא שנית, שנאמר - כל הנחלים הולכים אל הים והים איננו מלא, זה התלמוד, שיש בו חכמות הרבה. בא מי שיש בידו תלמוד, הקדוש ברוך הוא אומר לו - בני, הואיל ונתעסקת בתלמוד, **צפית במרכבה, צפית בגאוה**, שאין הנייה בעולמי, אלא בשעה שתלמידי חכמים יושבים ועוסקים בתורה, מציצין ומביטין ורואין והוגין המון התלמוד הזה - **כסא כבודי היאך הוא עומד. רגל הראשונה במה היא משמשת, שנייה במה היא משמשת, שלישית במה היא משמשת, רביעית במה היא משמשת, חשמל היאך הוא עומד, ובכמה פנים הוא מתהפך בשעה**

אחת, לאי זה רוח הוא משמש, הברק היאך הוא עומד, כמה פנים של זוהר נראין בין כתפיו, לאיזה רוח משמש, כרוב היאך הוא עומד, לאי זה רוח הוא משמש. גדולה מכולם עיון כיסא הכבוד, היאך הוא עומד, עגול הוא כמין מלבן, ומתוקן הוא, כמה גשרים יש בו, כמה הפסק בין גשר לגשר, וכשאני עובר באיזה גשר אני עובר, ובאי זה גשר האופנים עוברים, ובאיזה גשר הגלגלים עוברים. גדולה מכולם מצפורני ועד קודקודי, היאך אני עומד, כמה שיעור בפיסת ידי, וכמה שיעור אצבעות רגלי. גדולה מכולם כיסא כבודי, היאך הוא עומד, לאיזה רוח הוא משמש, באחד בשבת לאיזה רוח הוא משמש, בשני בשבת לאיזה רוח הוא משמש, בשלישי בשבת לאיזה רוח הוא משמש, ברביעי בשבת, בחמישי בשבת, בשישי בשבת לאיזה רוח משמשין, וכי לא זהו הדרי, זהו גדולתי, זהו הדר יופי, שבניי מכירין את כבודי במידה הזאת. ועליו אמר דוד - מה רבו מעשיך הוי"ה, כולם בחכמה עשית, מלאה הארץ קנייניך. עד כאן לשון המדרש. ממדרש זה לומדים על חובת כל אחד ואחד מישראל את לימוד כל חלקי הפרד"ס, ובעיקר את בחינת הסוד שבתורה, הנקרא[8] מעשה מרכבה, ובמעשה בראשית. ומבאר הרב בית לחם יהודה על השינוי שיש בפסוקים במעמד הר סיני, בפסוק אחד כתוב - ויחן שם **ישראל** תחת ההר. ומספר פסוקים יותר מאוחר כתוב וירא **העם** וינועו מרחק. וידוע כי כאשר כתוב בתורה **ישראל**, מדובר **בבני ישראל**, וכאשר כתוב **העם**, מדובר על **הערב רב**. וז"ל הרב בית לחם יהודה - ובזוהר בהעלותך דף קנ"ב ע"א קרי להעוסקים בחכמת האמת, אינון דהוי קיימי בטורא דסיני. וז"ל - חכימין עבדי דמלכא עלאה אינון דקיימו בטורא דסיני, לא מסתכלי אלא בנשמתא, דאיהי עיקרא דכלא אורייתא ממש וכו'. ונראה בעיני אם מותר, משמע אותן שאינם יודעים סודות התורה לא עמדו על הר סיני, עד כאן לשונו. ונראה לי בביאור כוונתו כי בתחלה כשיצאו ישראל לקראת האלהי"ם, היו מתייצבים בתחתית ההר, ואחר כך נאמר וירא העם וינועו ויעמדו מרחוק, כי היו יראים פן תאכלם האש הגדולה הזאת וימיתו. והיה מקצת מהעם שהיו ששים ושמחים לקראת השכינה, ולא רצו לזוז ממקומם הראשון, ולעמוד מרחוק, אפילו אם ימיתו ממש. ועליהם הוא מה שכתב בזוהר הנזכר - אינון דקיימו בטורא דסיני, כלומר ולא נעו ועמדו מרחוק, אלא עמדו בטורא דסיני מתחלה ועד סוף, ולכן הם זוכים לחכמת האמת. ואותם הנשמות אשר נעו עם העם ועמדו מרחוק, כן הם עושים גם עתה, שנסים ועומדים מרחוק לחכמת האמת מיראתם, פן תאכלם האש הגדולה הזאת. ולכן על כל אחד ואחד מבני ישראל הקדושים מחויב לעמוד תחת עץ החיים.

יראיך יראוני וישמחו כי לדברך יחלתי. בספר הזוהר הקדוש מבואר מדוע התפילות של בני ישראל לא נענות, וז"ל תיקוני הזוהר תיקון מ"ג - **בראשית תמן את"ר יב"ש** במלת בראשית יש אותיות את"ר יב"ש, **ודא איהו ונהר יחרב ויבש** היסוד הנקרא נהר יחרב ויבש ממי השפע, ואין לו מה להשפיע למלכות, **בההוא זמנא דאיהו יבש** באותו הזמן שהיסוד הוא יבש, **ואיהי יבשה** המלכות הנקראת יבשה, היא יבשה כי לא מקבלת שפע מהיסוד, אז כאשר **צווחין בנין לתתא** מתפללים וצועקים בני ישראל, **ביחודא ואמרין** וביחוד שאומרים בני ישראל **שמע ישראל** שיבא ז"א הנקרא ישראל להתיחד עם נוקבא בשעת התפילה דעמידה, עם כל זאת **ואין קול** של התפילה או הקריאת שמע שעוזרים לזיווג דזו"ן **ואין עונה** ואין מי שיענה וימלא את הבקשות בתפילתם. **הדא הוא דכתיב** וזהו שכתוב - **אז בני ישראל יקראוני**

בני ישראל בעת צרתם בקריאת שמע ובתפילה, **ולא אענה** ואני לא אענה אותם בתפלתם, מפני שלא לומדים ומתעסקים בפנימיות התורה. **והכי מאן דגרים דאסתלק** וכל מי שגורם הסלקות פנימיות תורת הקבלה **וחכמתא מאורייתא דבעל פה ומאורייתא דבכתב** מהתורה שבעל פה והתורה שבכתב, **וגרים דלא ישתדלון בהון** וגורמים גם לאחרים שלא יתעסקו וילמדו את חכמת הקבלה, **ואמרין דלא אית אלא פשט באורייתא ובתלמודא** ואומרים שאין בתורה ובתלמוד אלא פשט התורה, בלי פנימיות הסוד, **בודאי כאלו הוא יסלק נביעו מההוא נהר** בודאי נחשב לו כאילו הוא מסתלק את נביעת שפע החכמה והבינה מן היסוד, **ומההוא גן** ומן הנוקבא הנקראת גן, **ווי ליה** לאותו יהודי **טב ליה דלא אתברי בעלמא** טוב לו שלא היה נברא, **ולא יוליף ההיא אורייתא דבכתב ואורייתא דבעל פה** ולא היה לומד תורה שבכתב ותורה שבעל פה, כי דינו כעם הארץ שלא למד כלל, ועוד **דאתחשב ליה כאלו אחזר עלמא לתהו ובהו** שנחשב לו כאילו החזיר את העולם לתהו ובהו, ר"ל לסוד שבירת הכלים לפי שמגביר הקליפות כאשר הנהר והגן יבשים, **וגרים עניותא בעלמא ואורך גלותא** וגורם עניות בעולם ומאריך את הגלות השכינה וביאת המשיח. עד כאן דברי הזוהר הקדוש. וכותב רב חיים ויטאל זלה"ה בהקדמה וז"ל - אמנם שעשועות של הקדוש ברוך הוא בתורה, והיותו בורא בה את העולמו, היתה בהיותו עוסק בתורה בבחינת הנשמה הפנימית שבה, הנקרא - רזי תורה, הנקרא מעשה מרכבה, **היא חכמת הקבלה** כנודע אל היודעים, וטעם הדבר הוא להיותו עולם האצילות העליון מאד, טוב ולא רע, דלא יכיל להתערבא עמיה קליפה, ועליה אתמר - וכבודי לאחר לא אתן, כנזכר בספר התיקונין דף ס"ו תיקון י"ח, וכן בספר הזוהר בפרשת בראשית דף כ"ח ע"א עיין שם. ולכן גם התורה אשר שם]**אח**"**י** - בעולם האצילות[איננה רק מופשטת מכל לבושי הגופנים, מה שאין כן למטה בעולם היצירה, עולם דמטטרו"ן, הנקרא עבד טוב, והוא הנקרא עץ הדעת טוב מסטרא, ומסטרא דסמא"ל שהוא קליפין דיליה, **נקרא עבד רע,** כי התורה אשר שם, הם שית סדרי משנה **הנקראים שפחה** כנזכר לעיל, וכנזכר בפרשת בראשית שם דף כ"ז ע"א. ולכן נקראת משנה, לפי ששם יש שינויים הפוכים **טוב מסטרא דעבד טוב,** היתר, כשר, טהור, **רע מסטרא דעבד רע,** איסור, טמא, פסול. גם הוא מלשון כי מרדכי היהודי משנה למלך, שהיה שפחה הנקרא עבד מלך, מלך גם נקרא מלשון שינה, כנזכר בפרשת פינחס דף רמ"ד ע"ב - קם זמנא תנינא ואמר, מארי מתניתין נשמתין ורוחין ונפשין דילכון אתערו כען ואעברו שינתא מניכון דאיהו, ודאי משנה אורח פשט, דהאי עלמא ואנא לא אתערנא בכו, אלא ברזין עילאין דעלמא דאתי דאתון בהון, לא ינום ולא ישן. וזה יובן במה שמבואר יותר למעלה שם - **ורבנן דמתניתין ואמוראי, כל תלמודא דלהון על רזין דאורייתא סדרו ליה.** ונמצא כי המשנה והש"ס הם הנקרא גופי תורה. והנה דבריהם כחלום בלי פתרון, ורזייה וסתריה הפנימים הנקרא נשמת התורה, הם הם פתרון החלום הנפתר **בהקיץ,** בסוד - אני ישנה ולבי ער, וכמו[9] שאמרו חכמים ז"ל - **במחשכים הושיבני כמתי עולם,** זה תלמוד בבלי, אשר איננו מאיר אלא על ידי ספר הזוהר, **הם הם רזי תורה וסתריה** אשר עליהם נאמר - ותורה אור. ואין ספק כי כמו שהיוצר נקראת עבד ושפחה בערך האצילות, ונקרא קליפין ולבושין דחול, כנזכר בהקדמת ספר התיקונין ד"ג ע"ב וז"ל - וביומי דחול לביש עשר כתות דמלאכיא דמשמשי לעשר ספירות דבריאה. ואם כן לתמוה כי התורה אשר שם שהיא המשנה, תהיה נקרא שפחה וקליפין דתורה דאצילות, וזה סוד כל הבשר חציר הנזכר

סנהדרין דכ"ד ע"א.

לעיל במאמר הראשון, כי כמו שהחטה שהיא בגימטריא כמנין כ"ב אותיות התורה, הגנוזה תוך כמה קליפין ולבושין שהם הסובין והמורסן והתבן והקש והעשב, הנקרא חציר, כן המשנה אצל סודות התורה נקרא חציר, וזה נרמז בספר הזוהר פרשת כי תצא ברעיא מהמנא דף רע"ה ע"ב - **אצל רבנן ווי לאינון דאכלין תבן דאורייתא, ולא ידעי בסתרי אורייתא, אלא קלין וחמורין דאורייתא, קלין אינון תבן דאורייתא, וחמורין אינון חטה דאורייתא, ח"ט ה' אלנא דטוב ורע וכו'**. ואלו באתי להרחיב דרוש זה לא יספיקו מאה קונטרסין בלי ספק בלי שום גוזמא, האמנם החכם עיניו בראשו כי דברי אמת אני אומר, ואל יתמה האדם בראותו ספר הזוהר איך קורא אל המשנה שפחה וקליפין, כי עסק המשנה כפי פשטיה, **אין ספק שהם לבושין וקליפין חיצונים בתכלית אצל סודות התורה הנגנזים**, ונרמזים בפנימיותה כי כל פשטיה הם בעלם הזה בדברים חומרים תחתונים..... על כן על כל בני ישראל לאכול מעץ החיים.

מה אהבתי תורתך כל היום היא שיחתי. ומבאר הרב ז"ל בהקדמה לשער המצות, כי עסק לימוד פנימיות התורה הוא חלק בלתי נפרד מתלמוד תורה, וז"ל - גם בענין עסק התורה שהיא אחת מרמ"ח מצות עשה, אם לא השלים אותה, **שהוא ענין עסקו בפרד"ס התורה**, שהוא ראשי תיבות **פשט רמז דרש סוד**, בכל בחינה מהם כפי אשר יוכל להסיג, **עד מקום שידו מגעת**, לטרוח ולעשות לו רב שילמדנו. ואם לא עשה כן, הרי חסר מצוה אחת של תלמוד תורה, שהיא גדולה ושקולה ככל המצות, וצריך **להתגלגל** עד שיטרח הארבעה בחינות של פרד"ס כנזכר. וכן מבאר הרב בית לחם יהודה בהקדמתו הקדושה, וז"ל - ומה מאד נמלצו [**אח**]**"י** - מלשון מליצה] בזה דברי הנביא ירמיה (סימן כ"ב) באומרו - אל תבכו למת וכו'. שהוא מדבר עם הציבור המתקבצים להספיד על איזה צדיק הנפטר רח"ל, על שנחסר צדיק אחד מהדור שהיה מנין בזכותו עליהם. וקאמר להו הנביא אל תבכו וכו', **לפי שרובם של צדיקים אינם זוכים לעסוק בכל ארבעה חלקי הפרד"ס, ואם כן מוכרחים הם לחזור ולבוא בגלגול כדי להשלים לימודם בארבעה חלקים**, כי אפילו הוא עסק בשלוש חלקי הפרד"ס, לא יצא ידי חובתו, ועליו נאמר הן כל אלה יפעל א"ל פעמים שלש עם גבר, להחזירו בגלגול. ואם כן הויא פסידא דהדרא. ואפשר שבו ביום שנפטר הוא חוזר ומתגלגל, כנזכר בזוהר ריש פרשת אמור, יעו"ש. ואם כן אין לכם פסידא כל כך. אמנם בכו בכו להלך, לאותו צדיק שכבר עסק בארבעה חלקי הפרד"ס. כי תיבת להלך היא חסר ו', ואם תחשוב תיבת להלך ארבעה פעמים עם ארבעה הכוללים, שהם כנגד ארבעה חלקי הפרד"ס, הם בגימטריא פרד"ס. **שזה הצדיק לא ישוב עוד וראה את ארץ מולדתו, כי על ארבעה לא אשיבנו**. שזהו פסידא דלא הדרא באמת, ונחסר לגמרי מן העולם הזה, עד כאן לשונו. ולכן חובה על כל אדם לעסוק בכל חלקי הפרד"ס, ובפרט בחלק הסוד, הנקרא פנימיות התורה, כמבואר בזוהר הקדוש כמובא בזוהר הקדוש פרשת נשא דף קכ"ד - **בהאי חבורא דילך דאיהו ספר הזוהר יפקון ביה מן גלותא ברחמי**, בזכות הלימוד בספר הזוהר הקדוש, יצאו בני ישראל מהגלות **ברחמים**. ועוד כל מי שחשקה נפשו ללמוד, אסור למנוע זאת ממנו, בסוד הפסוק[10] - אל תמנע טוב מבעליו, ועל כל אדם להיכנס לפרד"ס החיים.

אשרי האיש אשר לא הלך בעצת רשעים ובדרך חטאים לא עמד ובמושב לצים לא ישב. דע כי

משלי ג' כ"ז – אל תמנע טוב מבעליו בהיות לאל ידך לעשות.

יהיו הרבה אנשים רשעים, שינסו למנוע מבני ישראל הקדושים ללמוד בכללות תורה, ובפרט את תורת הקבלה, מכל מיני סיבות ומניעות, והשטן מדבר מגרונם של אלו הרשעים. ואלו דברי קודשו של בעל שבט מוסר רבינו אליהו הכהן האתמרי זצלה"ה - ובהביטך בן אדם מה שעבר על אחרים למה תרדוף אתה אחר כל אלה הדברים הזרים, להשביע נפש מרורים ולמוסרה ביד צרים המה המקטרגים הצוררים, ולמה לא תחמול על נפשך ועל נועם תבנית צלם גופך למוסרו בידן ולהשליכו בתוך גחלי רתמים בטיט היון של גיהנם, להשחירו ולהתיכו כאשר ניתך הזפת בפני האש, אשר על כן תן עצה אתה בנפשך **לברור בדרך החיים בעסק התורה והמצות,** וגם להצטער עצמך זמן קצוב הם חיי עולם הזה, כדי שתתענג זמן רב בלתי סוף ותכלית, ואל יעלה על דעתך כאשר עלה בדעת הרבה שנאבדו בידם באומרם כיון שמכיר אני בעצמי שאין בדעתי להבין ולהשכיל, איני עוסק בתורה, טועה הוא בדבר, שהרי הוא מחויב לעשות מה שנצטוה לעשות, ואם יבין יבין, **שהרי והגית בו יומם ולילה כתיב** ולא כתיב ותבין בו, וכן תמצא בדברי התנא אם למדת תורה הרבה נותנין לך שכר הרבה, ואינו אומר אם הבנת הרבה, אלא למדת אמרו, ותשתדל להבין ואם תבין תבין, ואם לא שכר לימודך בידך, וכמאמר התנא לפום צערא אגרא, ומה גם שאמרו האדם איני לומד מפני שאיני מבין, **הוא פיתוי היצר,** יתמיד בלימודו וסוף הבינה לבא, שבראות קדוש ברוך הוא **חשקו בתורתו ודבקותו בה, פותח לו מעייני החכמה,** דכתיב - כי הוי"ה יתן חכמה מפיו דעת ותבונה. והנני מוסר לך דבר אשר תרדוף אחריה, ויהיה חיים לנפשך וענקים לגרגרותיך, **לעולם יהיה עיקר לימודך בדבר של תורה שליבך חפץ יותר,** אם בגמרא גמרא, ואם בדרוש דרוש, ואם ברמז רמז, **ואם בקבלה קבלה,** ורמז לדבר כי אם בתורת הוי"ה חפצו, כלומר תורת הוי"ה תלויה בדבר שלבו חפץ לעסוק, וכמו שמבאר האר"י זלה"ה בספר דרושי הנשמות והגלגולים פרק שלישי, וז"ל - יש בני אדם שכל חפצם ועסקם בפשטי התורה, ויש שעסקם בדרוש, ויש ברמז, ויש גם כן בגימטריות, **ויש בדרך האמת,** הכל כפי מה שעליו נתגלגל בפעם ההוא, כיון שהשלים פעם אחרת בשאר העניינים, אין צורך לו שבכל גלגול יעסוק בכולם, עד כאן לשונו. **ואל תביט ותשגיח לדברי המתנגדים על מה שחשקת לעסוק בתורה** בגמרא או בפשט או בדרוש וכו', באומרם לך למה אתה מוציא כל ימיך בפרט זה של תורה ולא בפרט זה, משום שעל מה שחשקת ללמוד, על דבר זה באת לעולם, ואם תשים דעתך לדבריהם, יכריחוך להתגלגל בזה העולם פעם אחרת ולעבור נפשך בחרב חדה של מלאך המות ולטעום טעם מיתה, ולכן לא תשמע לדברי המשחית נפשך, **כי דע שהשטן מתלבש באלו האנשים לדאוג ולהצטער ולהכאיב נפש הלומד ועוסק בתורה,** בחלק שאַוְתָה נפשו לעסוק, כדי להבדילו משם שלא ישלים נפשו, על מה שבא להשלימה, ולהכריחהו גלגולים אחרים, וכשם שבדבר שחושק יותר האדם ללמוד, משם יבין שעל דבר זה נתגלגל להשלים, כך צריך האדם שידע שורש נשמתו ומהיכן נמשך ועל מה בא לתקן ולהשלים, כמו שאמר בזוהר שיר השירים על הגידה לי את שאהבה נפשי וכו'. **וכדי שיבין יראה באיזה מצוה תקיף יצרו יותר לבטלה יתחזק בה לקיימה, כי בודאי על מצוה זו נתגלגל,** וכדי שלא ישלים חוקו מנגדו יצרו לבטלה להוציאו מן העולם בידיים ריקניות... ולכן לא תשמע לדברי רשעים אלו, אלא תשמע לדברי חיים.

חבר אני לכל אשר יראוך ולשמרי פקודיך. בסוף[11] עץ חיים מובא מספר כללים למהרח"ו,

---

ע"ח ח"ב דקי"ט ע"א.

וז"ל - להאר"י זלה"ה. הרמב"ן וחבריו ודברי ראשונים כמו רבי נחוניא בן הקנה לא הזכירו רק עשר ספירות, ולא גילו ענייני פרצוף כלל. **ודע שהרמב"ן והראשונים היו יודעים בפרצוף**, אלא שדברו בהעלם גדול, לרוב הגלות שלא ניתן רשות לגלות, ולהתפשט האורות הגדולים, מאחר שגברו הקליפות, וכל זר לא יאכל קדש. **אמנם בעקבות משיחא כמו בדורינו זה התחילו האורות להתפשט להיות כבראשונה**, כמו שהיה בזמן העולם מתוקן ולהתתקן מעט. ומתחלה היו האורות סתומים, היה העולם מקולקל, וכל מה שנתקלקל נסתם בגלות, ולא היו משיגין אלא עשר ספירות בסתום, בסוד הנקודות, כל אחד כלול מעשר, ובענין הפרצופים לא נתגלה להם כלל, לפי שמצאו בדברי הראשונים סתומים, ולא ידעו עומק הדברים, וחשבו שכך הוא ודברו בעשר ספירות כל אחד כלול מעשר ובחינות הרבה, ולפי שראיתי מי שחולק על דברים אלו לאמור שלא מצינו אלא עשר ספירות, ומהיכן יש לשלוט כח לאמור כמה פרצופים שנמצא יותר מעשר ספירות, ומספר רב והלא הראשונים כתבו בספר יצירה - עשר ולא תשע, עשר ולא י"א, לזה באתי לפתוח לך כחודא דמחטא, אולי תזכה להבין מקצת, וכולו לא תשורנו עין, וזהו. ובהקדמתו[12] הקדושה כותב הרב ז"ל - והנה אין בכל דור ודור שלא נמצאו בו אנשים יחידי סגולה ששרתה עליהם רוח הקודש, והיה אליהו הנביא ז"ל נגלה עליהם, **ומלמד אותם סתרי החכמה הזאת**, וכמו שנמצא כתוב בספרי המקובלים, גם בעל ספר הרקנטי כתב בפרשת נשא בפרשת ברכת כהנים..... ואנשי לבב שמעו לי, אל יהרסו אל הוי"ה, **לראות בספרי האחרונים הבנויים על פי השכל האנושי**, ושומע לי ישכון בטח ושאנן מפחד רעה. ולכן אני הכותב הצעיר חיים ויטאל, רציתי לזכות את הרבים **בהעלם נמרץ והמשכילים יבינו**, וקראתי שם החבור הזה על שמי **ספר עץ חיים**, וגם על שם החכמה הזאת העצומה, חכמת הזוהר, הנקרא עץ חיים, ולא עץ הדעת כנזכר לעיל, בעבור כי בחכמה הזאת טועמיה חיים זכו, ויזכו לארצות החיים הנצחיים, **ומעץ החיים הזה ממנו תאכל, ואכל וחי לעולם**. ואשכילך ואורך דרך זו תלך דע מן היום אשר מורי זלה"ה החל לגלות זאת החכמה, **לא זזה ידי מתוך ידו אפילו רגע אחד**, וכל אשר תמצא כתוב באיזה קונטריסים על שמו ז"ל, ויהיה מנגד מה שכתבתי בספר הזה, **טעות גמור הוא, כי לא הבינו דבריו, ואם יש בהם איזה תוספות שאינו חולק עם ספרינו זה, אל תשית לבך בקבע אליו**, כי שום אחד מהשומעים את דברי קדשו, **לא ירדו לעומק דבריו וכוונתו, ולא הבינום**, בלי שום ספק. ואם יעלה בדעתך לחשוב שתוכל לברור הטוב ולהניח הרע, אל בינתך אל תשען, כי אין הדברים האלו מסורים אל לב האדם כפי שכל אנושי, והסברא בהם סכנה עצומה, ויחשב בכלל קוצץ בנטיעות חס ושלום, לכן הזהרתיך ואל תסתכל בשום קונטרסים הנכתבים בשם מורי זלה"ה, זולתי במה שכתבנו לך בספר הזה, **ודי לך בהתראה זאת**, אלו הם דברי קודשו. ועלינו ללמוד אך ורק בתורת מורינו חיים.

אני קראתיך כי תעניני אל הט אזנך לי שמע אמרתי. עוד כתב הרב ז"ל בהקדמתו תנאים כדי לזכות לחכמה הקדושה הזאת, וז"ל - אני הכותב משביע בשמו הגדול יתברך, לכל מי שיפלו הקונרטסים אלו לידו, שיקרא הקדמה זאת, ואם אותה נפשו לבוא בחדרת החכמה זאת, יקבל עליו לגמור ולקיים כל מה שאכתוב ויעיד עליו יוצר בראשית, שלא יבוא אליו היזק בגופו ונפשו, ובכל אשר לו, ולא לאחרים. תחת רודפו טוב והבא לטהר ולקרב. **ראשית הכל יראת**

ע"ח ד"ד ע"ב.

הוי"ה, להשיג יראת העונש, כי יראת הרוממות, שהוא יראה הפנימית, לא ישיגוהו רק מתוך גדלות החכמה, ועיקר מגמתו בידיעה הזה יהיה לבער קוצים מן הכרם, כי לכן נקראים העוסקים בחכמה הזאת מחצדי חקלא. **ובודאי שיתעוררו הקליפות נגדו לפתותו ולהחטיאו, לכן יזהר שלא לבוא לידי חטא אפילו שוגג**, שלא יהיה להם שייכות בו, לכן צריך ליזהר מהקלות, כי הקדוש ברוך הוא מדרדק עם הצדיקים כחוט השערה, לכן צריך לפרוש עצמו מבשר ויין כל ימות השבוע, **וצריך הזהרת סור מרע ועשה טוב**, ובקש שלום. בקש שלום צריך להיות רודף שלום, ולא להקפיד בביתו על דבר קטן וגדול, וכל שכן שלא יכעוס ח"ו.

וצריך להתרחק בתכלית הריחוק סור מרע.

א. ליזהר בכל דקדוקי מצות, ואפילו בדברי חכמים, שהם בכלל לא תסור.

ב. לתקן המעוות קודם שיבא לעולם הבא.

ג. יזהר מהכעס, אפילו בשעה שמוכיח את בניו, לא יכעוס כלל ועיקר.

ד. גם צריך ליזהר מהגאוה, ובפרט בענין הלכה, כי גדול כחה והגאוה, בזה עון פלילי.

ה. בכל צער שיבא לו, יפשפש במעשיו וישוב אל הוי"ה.

ו. גם יטבול בעת הצורך לו.

ז. גם יקדש את עצמו בתשמיש המטה שלא יהנה.

ח. שלא יעבור כל לילה ויחשוב בכל לילה מה שעשה ביום, ויתודה.

ט. גם ימעט בעסקיו ואם אין לו פרנסה כי אם על ידי משא ומתן, יכין יום שלישי ויום רביעי, מחצי היום ואילך, ובכוונה שהוא לעבודת קונו.

י. כל דבור שאינו של מצוה והכרחי, יהיה זהיר ממנו, ואפילו דבר מצוה ימנע בשעת התפלה.

ועשה טוב

א. לקום בחצי הלילה, ולעשות הסדר בשק ואפר ובכי גדול, ובכוונה כל אשר יוציא בשפתיו. ואחר כך יעסוק בתורה כל זמן שיוכל להיות בלי שינה, ובלבד שחצי שעה קודם עלות השחר יתעורר לעסוק בתורה.

ב. ילך לבית הכנסת קודם עלות השחר, קודם חיוב טלית ותפילין, להיזהר שיהיה מעשרה ראשונים.

ג. קודם שיכנס, ישים אל לבו מצות עשה ואהבת לרעך כמוך, ואחר כך יכנס.

ד. להשלים רמז צדיק בכל יום. שהוא צ' אמנים, ד' קדושות, י' קדישים, ק' ברכות.

ה. שלא להסיח דעתו מהתפילין בעת התפילה, זולת בעת העמידה ועסק התורה.

ו. צריך שיהיה עוסק בתורה, מעוטף בטלית ותפילין.

ז. לכוין בתפלה הכוונות, כמו שנבאר בע"ה.

ח. שישים תמיד נגד עיניו שם בן ארבעה אותיות הוי"ה, ויזדעזע ממנו, כמו שכתוב - שויתי הוי"ה לנגדי תמיד.

ט. שיכוין בכל הברכות, בפרט בברכת הנהנין.

י. צריך שיהיה עמל בתורה פרד"ס, שנאמר או יחזיק במעוזי, ואל יחשוב שיגלו לו רזי התורה בהיותו ריק, כדכתיב - יהב חכמתא לחכימין, וצריך ליזהר שלא יוציא בשפתיו בחכמה זו, מה שלא שמע מאדם שראוי לסמוך עליו, וכאזהרת רשב"י וחביריו. השגת החכמה תנאי הראשון, צריך למעט דבורו, ולשתוק, כל מה שיוכל כדי שלא להוציא שיחה בטילה, כמאמר רז"ל -

סייג לחכמה שתיקה. גם תנאי אחר, על כל דבר תורה שלא תבינהו, תבכה עליו כל מה שתוכל. גם עלית הנשמה בלילה לעולם העליון, שלא תשוט בהבלי העולם, תלוי שתישן בבכיה. ומרת עצבות מגונה עד מאוד, ובפרט להשיג חכמה, והשגה אין לך דבר מונע השגה יותר מזה. גם בענין השגת האדם, אין לך דבר שמועיל כמו הטהרה והטבילה, שיהיה האדם טהור, בכל עת ומורי זלה"ה עם היות שהיה לו חולי השבר שהקור מזיק לו, עם כל זה לא היה מונע מלטבול בכל עת, עד כאן דבריו קודשו. ועלינו לקיים את בקשת הרב ז"ל את הבחינות של[13] סור מרע ועשה טוב, כדי לטפס בעץ החיים.

מרן הרש"ש מעיד[14] על עצמו, וז"ל - וראיתי מה שכתבו מעלת כבוד תורתם, על ענין עבודת הוי"ה שקצרתי במקום שהיה ראוי להרחיב מעט הדיבור, אמת הוא כי לכתחילה קצרתי בו, **יען ראיתי כמה מהבזק יצא ממה שכתבו בזה המקובלים שקדמו, כי רבים חללים הפילו, וחלול כבוד הוי"ה, וכבוד התורה. הוי"ה יכפר בעדם, כי כל דבריהם לא על פי התורה הם, ואינם מיוסדים על האמת, ומהם יצאו אבות, ומאבות תולדות הריסת יסודי התורה, הוי"ה יכפר. וכל זה לא שלמדתי בדבריהם ח"ו, אלא שפעם אחת הוכרחתי בעל כרחי לעיין בדף אחד שכתוב בו קצור מה שכתבו בענין זה, וכמעט שקרעתי בגדי לראות דברים אשר לא כן על הוי"ה.** הוי"ה יכפר, וכבר מילתי אמורה להם, **כי עידי בשמים כי כל עסקי ולמודי, אינו רק בדברי האר"י זלה"ה, ותלמידו מהרח"ו ז"ל לבדם, ובלעדם אין לי עסק בשום ספר מספרי המקובלים ראשונים ואחרונים, ואפילו בדברי שאר תלמידי האר"י ז"ל לא למדתי, וכשיזדמן לפני דבר מדבריהם, אני מדלגו.** כי על כן איני כמזהיר, אלא כמזכיר, למען הוי"ה אל יהי לכם מגע יד בדבריהם, ובפרט בענין זה, השמרו לכם פן יפתה לבבכם, **אלא כל לימודם לא יהיה אלא בעץ חיים ובספר מבוא שערים ובשמונה שערים המפורסמים,** שכולם דברי אלהי"ם חיים. ואני קצרתי בענין זה כל מה שאפשר, כי יראתי פן יפלו דפים אלו ביד מי שעדיין לא למד דברי האר"י ז"ל כראוי, **ויחשידני שלמדתי בספרים אחרים, ולא כן הוא כאמור,** ולכן קצרתי בו, ופיזרתי בהקדמה, עד כאן דברי קודשו של מרן הרש"ש. ואנחנו תפילה שיתגלה משיח צדיקנו במהרה בימינו, ומלאה[15] הארץ דעה את הוי"ה כמים לים מכסים, דעת תורת החיים.

13

תהלים ל"ד ט"ו – סור מרע ועשה טוב בקש שלום ורדפהו.

14

נהר שלום דף ל"ד ע"א.

15

ישעיהו י"א ט' – לא ירעו ולא ישחיתו בכל הר קדשי כי מלאה הארץ דעה את הוי"ה כמים לים מכסים.

כתב רבינו גאון הקבלה רבי אליהו מני, רבו של הרי"ח הטוב, רבי יוסף חיים בעל הספר "בן איש חי", בספרו הקדוש **כסא אליהו** כי על הלומד ללמוד כל מאמר ומאמר ארבעה חמישה פעמים בלי המפרשים, וינסה להבין את המאמר בעצמו. ואחר כך ילך לראות אם כיוון לדעת המפרשים.

וכן אני הקטן מבקש בכל לשון של בקשה, ללמוד את הדרוש כמו שהוא מובא בספר עץ חיים, ארבעה חמישה פעמים, כדי לנסות להבין את הדרוש. וכל דרוש מובא בתחילת הספר במלואו.

אחר כך יכנס ללמוד את הדרוש עם ביאור הדברים, עוד ארבעה חמישה פעמים, ואחר כך יראה את המקורות להגהות, ודברי רבותינו הקדושים, עם התרשימים וטבלאות.

ואז יעלה ויצליח בלימוד תורת האר"י הח"י.

כתב רבינו ה**שד"ה** רבי שאול דוויק הכהן, בהקדמת ספרו איפה שלימה, על אוצרות חיים וז"ל - וכדי שיוכל לעלות לימודו למעלה, ריח ניחוח לה'. קודם כל לימוד ימסור עצמו על קדושת ה', כי זה מועיל מאוד, כמו שכתוב בשער הכוונות דף כ"ד ע"ב, כי עתה בזמנינו בעונותינו הרבים אין יכולת לעשות זיווג כתיקונו למעלה, ולסיבה זו הקץ מתארך וכו'. אמנם עם כל זה יש קצת תיקון במה שנמסור נפשינו על קידוש ה' בכל הלב, כי על ידי כן אפילו אין בנו שום מעשים טובים, והרשענו עד להפליא. הנה על ידי מסירת נפשינו להריגה, מתכפרים עונותינו כולם, ויש בנו יכולת לעלות עד אימא עילאה, כמו שאמרו חז"ל - גדולה תשובה שמגעת עד כסא הכבוד, שנאמר - שובה ישראל עד ה' וכו', עד כאן דבריו.

וזה הסדר

יקבל עליו ארבע מיתות בית דין, מארבעה אותיות הוי"ה וארבעה אותיות אדנ"י, וליחדם על ידי ארבעה אותיות אהי"ה ועל ידי עסמ"ב

סקילה	י	**א**	וליחדם על ידי **א**	יוד ה̇י ויו ה̇י
שרפה	ה̇	ד̇	וליחדם על ידי ה̇	יוד ה̇י ואו ה̇י
הרג	ו	**נ̆**	וליחדם על ידי י	יוד ה̇א ואו ה̇א
וחנק	ה̇	י	וליחדם על ידי ה̇	יוד ה̇ה וו ה̇ה

לְשֵׁם יִחוּד

קֻדְשָׁא בְּרִיךְ הוּא וּשְׁכִינְתֵּהּ

יאההדונהי

בִּדְזִזִילוּ וּרְזִזִימוּ   וּרְזִזִימוּ וּדְזִזִילוּ

יאההויהה   איההויהה

לְיַחֲדָא אוֹתִיוֹת י"ה בְּו"ה, בְּיִחוּדָא שְׁלִים

יהו"ה

בְּשֵׁם כָּל יִשְׂרָאֵל, לְאַקָמָא שְׁכִינְתָּא מֵעַפְרָא, הָרֵינִי לוֹמֵד בְּסֵפֶר
קַבָּלָה פְּלוֹנִי שֶׁהוּא כְּנֶגֶד תִּפְאֶרֶת דו"א בְּעוֹלָם הָאֲצִילוּת שֶׁבּוֹ
שֵׁם מ"ה כָּזֶה יוֹ"ד הֵ"א וָא"ו הֵ"א לַעֲשׂוֹת מֶרְכָּבָה. וִיהִי רָצוֹן
מִלְפָנֶיךָ ה' אֱלֹהֵינוּ וֵאלֹהֵי אֲבוֹתֵינוּ שֶׁתְּזַכֵּךְ רוּחֵנוּ וּנְפָשֵׁינוּ שֶׁיְּהִי
רְאוּיִם לְעוֹרֵר מֵיִן תַּתָּאִין עַל יְדֵי קְרִיאַת סֵפֶר הַקַּבָּלָה הַזֹּאת.
וִיהִי נֹעַם יְהוָה אֱלֹהֵינוּ עָלֵינוּ וּמַעֲשֵׂה יָדֵינוּ כּוֹנְנָה עָלֵינוּ וּמַעֲשֵׂה
יָדֵינוּ כּוֹנְנֵהוּ.

בָּרוּךְ ה' לְעוֹלָם אָמֵן וְאָמֵן, נֶצַח, סֶלָה, וָעֶד.

שער ג' פרק ג'

כלל העולה כי האד"ם הוא נשמה לנשמה והאציל ממנו אדם אחד הכולל כל העולמות כולם שבחי'
עצמות שבו שהם בחי' נרנח"י נקרא א"ק. ובחי' הגוף שבו הוא עולם האצילות. ובחי' המלבושים הם ג'
עולמות בי"ע שאינם רק עולם א' לבדו והוא לבוש האצילות כולו שבין שלשתהם אינם רק י"ס דוגמת י"ס
דאצילות הנקרא גוף. וכ"מ בתיקונים די"ח דימא בג"ם עילאין מקננא בבריאה וכבר ידעת בר"מ פ' בא
דמ"ב כי הי"ס דאצילות נקרא מאנין ר"ל אברי הגוף כי הגוף שהם הכלים הם נגלו באצילות ולא יותר
למעלה כנודע. וכבר ידעת כי הנרנח"י אינם מתלבשים בגוף זולת ע"י אמצעית מלבוש זד לכ"א מהם.
והכל נקרא עצמות כי כן ח"ק שהוא בחי' כל העולמות יש לו גוף זד שבו מתלבש עצמותו כדי להתלבש
אח"כ בגוף האמיתי שהוא בחי' אצילות. לכן חפי' הכלים דא"ק נקרא עצמות וכמו שהעצמות מלבד היות
עקריותו בפנימיות הגוף עכ"ז משלח פארות מאורו בכל מיברי הגוף מבית ומחוץ ובתוך עובים להמשיך
בו חיות. כן ח"ק מאיר עצמותו בכל מיברי הגוף דאצילות ואותו אור נקרא ח"ס בערך האצילות ונקרא
עילת העילות של האצילות. אך במלבושים אין אור עצמות מתגלה לכן בי"ע אינם מבחי' אלהות אלא
נקרא נבראים נוצרים נעשים וכעד"ז בח"ז שנעשה בחי' גוף אל הח"ס הזה העליון אור ח"ס מתגלה בו
אך לא במלבוש (הח"ם העליון) שהם י"ס דאצילות כי הח"ס הנגלה בי"ס דאצילות הוא הנק' א"ק כנ"ל.
אמנם אחרי התלבשות אין סוף עליון בח"ק בחכמה שבו שאז מאיר על ידו בי"ס דאצילות וזה אומרו
כולם בחכמה עשית וזה אומרו עשית כי הי"ס דאצילות הם בחי' עשיה אל הח"ס העליון כי הם
מלבושים כנ"ל. וכעד"ז ח"ק כדי להאיר במלבושיו שהם בי"ע מתלבש בבינה דאצילות ועל ידה מאיר
בבריאה כמ"ש אימא מקננא בכרסייא. וח"ז שאמרנו תדע מהקדמה ב' של מרכבת יחזקאל. וחוץ לאלו
המלבושים שהם בי"ע הם הקלי' ולכן תראה שאפילו הקליפות שכנגד האצילות אינם שם אלא בבריאה
כנודע אצלינו. נמצא כי אף שנאמר כי אצילות הוא גוף דא"ק הנה האור האחור שמאיר הח"ק בגוף הזה נקרא
נר"ן של אצילות ובתוך כולם מתלבש האור עצמו דא"ק וכן עד"ז בח"ז נגד ח"ס העליון וכן עד"ז בבי"ע
נגד אצילות הנקרא גוף. וז"ש בתיקונים ובס' הזוהר דכורסייא דאיהו אמא כגופא לגבי שכינתא דאצילות
נמצא כי הקליפות יהיה לבושים באצילות בכללות עם היות שבפרטות יש גוף באצילות עצמו ובי"ע הם
לבושים אליו. והנה כל בחי' הכלים של כל העולמות יש בהם חיצוניות ופנימיות. וכבר הודעתיך איך כל
העולמות אלו זה נעשה גוף לזה וזה לזה ונמצא כי כל העולמות כולם כאחד ח"ק כל הכלים
שלהם יש בהם בחי' פנימיות וחיצוניות. ודע כי כל בחי' זו"ן שיש בעולמות כולם נקרא ז"ק [נ"א ו"ק]
של גוף של מוחו עולם כי כן ילאו בעת אצילות הראשון שנאצלו חסרים ג"ר לז"א וט"ר לנוק' ואלו הב'
צריכים ג' זמנים שהם עיבור יניקה ומוחין להשלימם. נמצא כי כל עולם ועולם אינם צריכים עיבור
יניקה ומוחין רק זו"ן של אותו עולם בערך ח"א ואו"א של אותו העולם שהם שלמים כפי אותו עולם.
אמנם בבחי' הכלל יהיה כל הה"פ שבאותו עולם נקרא זו"ן אל עולם שלמעלה ממנו ויהיו חסרי מוחין
בבחי' הכלל כנ"ל והבן זה היטב. נמצא כיון שיש ב' בחי' בכל מיני כלים שהם חיצוניות ופנימיות ח"כ
מוכרח הוא שיהיה עי"מ בכלים חיצוניים ועי"מ בכלים פנימיים. הנה בר"ה בתחילה נעשה כלים
פנימים אך בקבלת שבת ובתפלה של שאר ימי החול תחילה נתקן מוחין כלים החיצונים (ואח"כ) ומוחין
פנימים ולכן כשתעיין בספרינו אל תתמה אם פעמים ירלאה שכבר יש מוחין ופעמים נראה שהם עדיין

ביניקה וכיוצא בזה כי זה בפנימיות וזה בחיצוניות. ועיין לעיל איך כל פנימיות נקרא מוחא בערך
חיצוניות הנקרא גופא

[די"ז ע"ב 33]

פרק ג'

דרוש זה מקורו מספר אדם ישר וצריך לכתוב מ"ב בראש הדרוש.

הרב ז"ל דורש בסוגית הערכין.

כלל[16] העולה כי בערכין[17] **הא"ס הוא** החיות לכל הנאצלים ונקרא **נשמה לנשמה**[18] שהיא אור החיה, **והאציל ממנו אדם אזור** הנקרא אדם קדמון, **הכולל כל העולמות כולם**

---

[16]

בית לחם יהודה ש"ג פ"ג - כלל העולה כי הא"ס הוא נשמה לנשמה. הכוונה על בחינת חוט הא"ס, שהוא בחינת חיה בערך א"ק, הנקרא בריאה, כמ"ש בריש פ"א דלעיל, והבריאה היא נשמה, שהוא א"ק, וא"ס המקיף הוא יחידה.
[17]

הרב מדרג את העולמות ביחס לא"ס בערכין.

תרשים ג – א.

הרב בעץ חיים, והרש"ש מעריכים את יחס עולמות א"ק ואבי"ע בצורה אחרת, והיא – א"ק נקרא שורש, אצילות נקראת נשמה, בריאה נקראת גוף, יצירה נקראת לבוש, ועשיה נקראת היכל. וסימנם שנגל"ה.

תרשים ג – ב.

ע"ח ח"ב שמ"ב פ"ב דפ"ט ע"ד - והנה א"ק הוא כדמיון כתר אל הי"ס שבכל עולם ועולם באופן זה כי א"ק הוא כתר לד' עולמות אבי"ע כי נמצא כי א"ק הוא כולל שורש כל הה' בחי' הנ"ל שבכל עולם ועולם כי כתר שבו הוא ד' שרשים אל ד' בחי' של י"ס שבו שהם נשמות וגופים ולבושים והיכלות וזה דרך פרט. אמנם דרך כלל הוא מה שנכתוב עתה בע"ה כי כללות בחינות נשמות אשר בא"ק יקראו שורש הנשמות, וכללות בחינת נשמת אצילות יקראו נשמות דנשמות ממש, וכללות נשמות בריאה יקראו גופות, לערך נשמות אצילות, וכללות נשמות דיצירה יקראו לבושים דנשמות, וכללות נשמות עשייה יקראו היכלות הנשמה. וכן כללות בחינת גופות דא"ק יקראו שורש (נשמות) דגופות, וכללות בחינת גופות דאצילות יקראו נשמות דגופות, וכללות בחינת גופות דבריאה יקראו גופות דגופות, וכללות בחינת גופות דיצירה יקראו לבושים דגופות, וכללות בחינת גופות דעשייה יקראו היכלות הגופות. וכן כללות בחינת לבושים דא"ק יקראו שורש (נשמות) הלבושין, וכללות לבושי דאצילות יקראו נשמות דלבושים, וכללות בחינת לבושי דבריאה יקראו גופות דלבושין, וכללות בחינת לבושי יצירה יקראו לבושים דלבושין, וכללות לבושי עשייה יקראו היכלי דלבושין. וכללות בחינת ההיכלות דא"ק יקראו שורש (נשמות) ההיכלות, וכללות בחינת ההיכלות דאצילות יקראו נשמות ההיכלות, וכללות היכלי דבריאה יקראו גופות דהיכלות, וכללות בחינת היכלי דיצירה יקראו לבושי דהיכלות, וכללות היכלות דעשייה יקראו היכלות דהיכלות. וכשנדבר כל זה דרך כלל, יהיה זה כן כי ה' בחינות א"ק הם שרשים, בין לנשמות, בין לגופים, בין ללבושים, בין להיכלות. וה' בחינות דאצילות הם נשמות, בין לשרשים, בין לנשמות, בין לגופים, בין ללבושים, בין להיכלות, וה' בחינות דבריאה הם גופות, בין לשרשים, בין לנשמות, בין לגופים, בין ללבושים, בין להיכלות. וה' בחינות דיצירה הם לבושים, בין לשרשים, בין לנשמות, בין לגופים, בין ללבושים, בין להיכלות, וה' בחינות דעשיה הם היכלות, בין לשרשים, בין לנשמות, בין לגופים, בין ללבושים, בין להיכלות. ובזה תבין מארז"ל אשתו כגופו דמיא, כי הבריאה אשת האצילות היא, שהרי הם חו"ב כנ"ל, ואפילו שיש ג"כ נשמות בבריאה נקרא גופות בערך נשמות דאצילות, כי כמו שהאשה מקבלת מבעלה כן הגוף מקבל מהנשמה. וכן משארז"ל אין בית אלא אשה הוא בעשיה, כי הרי העשייה הוא הבית והיכל לכל ה' בחינות כנ"ל. והנה עשיה אשת היצירה כנודע וזהו אין בית אלא אשה בחינת העשייה, וכן עד"ז בבחינת עשייה שבכל עולם ועולם, יקרא בית לאותו עולם. ובחינת בריאה שבכל עולם ועולם יקרא גוף לאותו עולם. נמצא דרך קיצור כל בחינת א"ק נקרא שרשים, (לנשמות) וכל בחינות אצילות נקרא נשמות, וכל בחינת בריאה נקרא גופות, וכל בחינת יצירה נקרא לבושים. וכל בחינת עשיה נקרא היכלות.

תרשים ג – ג.

יוצאים מא"ק, ומלבישים אותו, **שבזוינת עצמות שבו שהם** בזוינת נרנז"י[19] והם ביחס לא"ס שנקרא נשמה לנשמה שהיא חיה, הנרנח"י דא"ק נקראים נשמה, ואדם זה **נקרא א"ק** בשלב זה הרב ז"ל לא מדבר על הגוף דא"ק, שהם הכלים דא"ק[20]. **ובזוינת[21] הגוף שבו** ביחס לא"ק שהוא נרנח"י, **הוא** נקרא **עולם האצילות. ובזוינת המלבושים** ביחס לעולם האצילות, שהוא הגוף **הם ג' עולמות בי"ע, שאינם רק עולם אחד[22] לבדו** ביחס לעולם האצילות, **והוא** עולמות בי"ע ביחס לאצילות נקראים **לבוש האצילות כולו, שבין[23] שלשתם אינם רק י"ס** בלבד בערך האצילות[24], כאשר חב"ד הכללי של עולמות בי"ע הוא הכלי הפנימי, והוא בעולם הבריאה. חג"ת הוא הכלי האמצעי,

---

הקדמת רחובות הנהר די"א ע"ג - והנה הא"ק הוא הקוץ דהוי"ה הכולל, שהוא הכתר לאבי"ע, ויש בו ארבע בחינות הנז', כי הא"ק שבו הוא השורש, ותחתיו הוא הנשמה שהוא האצילות שבו, ותחתיו הוא הגוף, שהוא הבריאה שבו, ותחתיו הוא הלבוש, שהוא היצירה שבו, ותחתיו הוא ההיכל, שהוא העשיה שבו, וכל זה הוא בערך עצמו, אבל בערך הכולל כל בחינת הא"ק ואבי"ע והנז' שבו, הם שרשים שהם א"ק, ואבי"ע הכוללים.
תרשים ג – ד.
[18]

הגהות ובאורים)ד(- אמ"ן לעד"ן)אבי מורי נשמתו עדן(שא"ס הנזכר כאן הוא א"ק, שהם חכמה – חיה, שתחתיו הוא אדם דבריאה שהוא נשמה. הרב מקו"ב)מקום בינה(דנ"ו ע"א.
[19]

בית לחם יהודה ש"ג פ"ג - שהם בחינת נרנ"חי. הם עסמ"ב דא"ק שנאצלו מן הקו.
[20]

ע"ח ש"א ענף ד' די"ג ע"ג - ובזה אל תטעה חלילה כי בא"ק יש בחינת כלים ממש ח"ו, כי הנה בחינת כלים לא נתגלו רק מן עולם הנקודים ואילך, כמ"ש בע"ה, ומה שאנו מכנים אותם בשם כלים, הוא בערך האור והעצמות אשר בתוכם. ואמנם הכלים בעצמן הם אור זך בתכלית הזכות ודקות, והזהר ואל תטעה עוד בענין זה.
[21]

בית לחם יהודה ש"ג פ"ג - ובחינת הגוף שבו הוא עולם האצילות ובחינת המלבושים הם ג' עולמות בי"ע . כל זה הוא בבחינת ערכין, כי זה בערך גוף וזה בערך לבוש לא"ק, שהרי כל האצילות מתחיל מנה"י דא"ק ולמטה, וא"כ שאר הקומה מה הוא גוף שלה. גם הבי"ע שהם בחינת הלבושין דא"ק אינו כי אם בערכין, שהרי כל בי"ע הם תחת האצילות, והיאך ילבישום, והלואי שיהיו לבושין לז"ת דמלכות דאצילות, בעת עלייתם)ש"ש משם אור זרוע(.
[22]

לכל כלי יש שלוש שכבות שנקראים פנימי, אמצעי וחיצון. והם סוד עור, גדים, ובשר. כאשר היתה השבירה במקרה המלכים בעולם הנקודים, נפלו פנימיות כל הכלי לעולם הבריאה, אמצע כל הכלי ליצירה, וחיצוניות כל כלי לעשיה. וכולם מעולם הנקודים, לכן הרב כותב כי כל בי"ע הם עולם אחד, שהוא עולם הנקודים שנפל לבי"ע, רק שכל חלק של כל כלי נפל לעולם אחר. צריך לדעת כי באמת הכלים לא נפלו לבי"ע, כי עולמות בי"ע יצאו אחרי עולם האצילות, אלה הכוונה שהכלים דעולם הנקודים, שהם פנימי, אמצעי וחיצון נפלו למקום **שעתידים** להיות עולמות בי"ע.
ע"ח ש"ט פ"ז דמ"ו ע"ג - ואח"כ יצאו ז"ת דעתיק,)נ"א דדעת(הדעת למטה כ"א כלול בכלי שלו ובו כלולים כל שאר האורות, והיה נשבר וירד פנימיות הכלי לבריאה, וחיצוניות הכלי ירד ביצירה, וחיצוניות של חיצוניות בעשייה.
הקדמת רחובות הנהר ד"ב ע"ג - גם נודע כי המלכים יצאו בתחילה בבחינת כלים דנפש לבד, שהם המלכות דכל מלך, וכל מלכות כלולה מעשר, וגם הג"ר יצאו בבחינת כלים דנפש, אלא שכל אחת מהג"ר כלולה מעשר מלכיות, וכל מלכות כלולה מעשר, אמנם זה הכללות שהיה בהם עדיין לא היה מבורר ומתוקן כראוי, עד שיצא שם מ"ה החדש, ותיקנם בבחינת פרצוף כראוי, כמ"ש בע"ה. והכלים דז"ת דזו"ן דעתיק, וא"א, ואו"א, וזו"ן, דכל נקודה נפלו הפנים שלהם לבריאה, והאמצעי ליצירה, והחיצון לעשיה, כל פרצוף לפרצוף שכנגדו בבי"ע, כלים דזו"ן דעתיק לעתיק דבי"ע, ודא"א לא"א דבי"ע, וכן כולם.
תרשים ג – ה.
[23]

בית לחם יהודה ש"ג פ"ג - שבין שלשתם אינם רק י"ס דוגמת י"ס דאצילות. כי הבריאה היא נגד בינה, הכוללת כח"ב, והיצירה כנגד חג"ת ונה"י, והעשיה כנגד המלכות, כמו שמביא ראיה מלשון התיקונים, וכמו שנפרש.
[24]

תרשים ג – ו.

והוא ביצירה. נה"י הוא הכלי החיצון, והוא בעשיה, **דוגמת י"ס דאצילות הנקרא גוף** בערך א"ק הנקרא נשמה, ובערך בי"ע הנקרא לבוש. **וכן מובא**[25] **בתיקונים די"ז**[26] צ"ל דכ"ג ע"ג צ"ל דכ"ג ע"א **אימא בג"ס עילאין** שהם חב"ד דאצילות[27] **מקננא בבריאה** מקננת בבריאה, **וכבר ידעת**[28] **בר"מ פרשת בא דמ"ב** ע"ב[29] **כי הי"ס דאצילות, נקרא מאנין** צ"ל נקראים כלים, **ר"ל אברי הגוף** כמו שהרב ז"ל כתב כי האצילות היא גוף, ומביא ראיה מהזהר כי כלי האצילות נקראים גוף, **כי**[30] **הגוף שהם הכלים, שם נגלו באצילות** כלומר התגלו שם **ולא יותר למעלה כנודע**[31] **וכבר ידעת** הרב ז"ל בה להסביר על הכלים דא"ק **כי הנרנ"ח"י, אינם מתלבשים**

25

בית לחם יהודה ש"ג פ"ג - וכ"מ בתיקונים די"ח. בדפוס ליוורנו הוא בדכ"ג ע"א, ורז"ל לא העתיק כל לשון התיקונים להבת הקיצור, וזה לשון התיקונים אימא עלאה מקננא בכורסייא)שהיא עולם הבריאה(, בתלת ספירן עלאין. עמודא דאמצעיתא כליל שית ספירן מקננן במטטרון)שהוא עולם היצירה(, אימא תתאה מקננא באופן)שהיא עולם העשיה(, עכ"ל התיקונים. ולפי שאימא דאצילות היא מקננא בכל י"ס דבריאה, ולא בתלת ספירן עלאין בלבד, כמבואר בסוף פרק א' דלעיל, והיא כדוגמת הז"א והנוקבא דאצילות, שהם מקננין בי"ס דיצירה, ובי"ס דעשיה, משו"ה היפך רז"ל לשון התיקונים בכוונה, ואמר אימא בתלת ספירן מקננא בבריאה, וכדפירש בפרק ג' דשער מ"ז, דאור הכתר דאצילות הוא מתלבש בחכמה דאצילות, ואור החכמה מתלבש בבינה דאצילות, והבינה מתלבשת בתבונה, ואז התבונה מאירה בבריאה, וזה אומרו בג' ספירות עלאין שהם כח"ב דאצילות, מתלבשין בתבונה שהיא אימא עלאה, והיא מקננא בכורסייא, שהם י"ס דבריאה, יעו"ש. הראת לדעת כי מלשון התיקונים, מוכח כי בינה, וז"א, ונוקביה דאצילות, הם לבדם מספיקין להאיר בכל בי"ע, א"כ כל ג' עולמות אינם כ"א כעשר ספירות דאצילות בלבד.

26

תיקוני הזהר, תיקון ו' דכ"ג ע"א עם תרגום והסבר – **דאימא עלאה מקננא בכרסיא** אימא עילאה מקננת בכיסא, שהוא עולם הבריאה, **בתלת ספירן עלאין** בשלוש ספירות העליונות, כלומר בכח כח"ב דאצילות. **עמודא דאמצעיתא** שהוא ז"א דאצילות, **כליל שית ספירן** הכולל שש ספירות שהם חג"ת נה"י, **מקננן במטטרו"ן** מקונן בעולם היצירה ששולט בו המלאך מ"ט, בכח חג"ת דאצילות. **אימא תתאה מקננא באופן** אם התחתונה שהיא המלכות, מקננת העולם העשיה, שנקרא אופן, בכח נה"י דאצילות.

27

שורש עולמות בי"ע הוא באצילות, עולם הנקודים שבו היה מקרה המלכים, בתיקון הוא נקרא עולם האצילות, יצא אחר עולם העקודים. הכלים דנקודים שבהם היתה השבירה, נפלו לבי"ע, כאשר כלי פנימי נפל בבריאה, אמצעי ביצירה, וחיצוני בעשיה. ושלושת חלקי כל כלים נקראים פרצוף אחד. וכאשר בני ישראל מבררים ברורים מבי"ע ע"י תורה, תפילה ומצוות, מעלים את הברורים מבי"ע לאצילות, וזה הוא תיקונם. בכללות חב"ד נקראים פנימים, חג"ת אמצעיים, ונה"י חיצונים. יוצא מזה כי הבריאה היא מחב"ד דאצילות, היצירה מחג"ת דאצילות, והעשיה מנה"י דאצילות. **תרשים ג – ז.**

28

בית לחם יהודה ש"ג פ"ג - וכבר ידעת בר"מ פרשת בא. הובא לשונו לעיל בשער ב' ענף ג', וכוונתו להביא ראיה משם די"ס דאצילות הם גוף בערך א"ק.

29

זהר בא דמ"ב ע"ב עם תרגום והסבר - .....**לבתר עבד מאבא זעירא ודא י'** אחר כך עשה הא"ס כלי קטן והוא סוד אות י', **ואתמליא מניה** והתמלא הכלי האור הא"ס, **וקרא ליה מעין נובע חכמה** וקרא לספירה זאת מעין נובע חכמה, **וקרא גרמיה בה חכם** וקרא לאור המתפשט בה חכם, **ולההוא מאבא קרא ליה חכמ"ה** ולכלי עצמו קרא חכמה, **ולבתר עבד מאבא רברבא וקרא ליה ים** אחר כך עשה כלי גדול, וקרא לו ים, **וקרא ליה בינה** וקרא לספירה זאת בינה, **והוא קרא לגרמיה מבין בה** וקרא לאור המתפשט בספירה זאת מבין..................

30

בית לחם יהודה ש"ג פ"ג - כי הגוף שהם הכלים שם נגלו באצילות ולא יותר למעלה כנודע. עיין בענף ד' דשער א' ד"ה כי הנה וכו' מש"ש.

31

בְּגוּף זוּלַת³² ע"י אמְצָעִית מלבוש זך לכל אזזד מהם³³ כלומר לכל אחד מחלקי הנרנח"י. **וְהַכֹּל נִקְרָא עַצְמוּת** גם הנרנח"י וגם המלבוש הזך ביחס לכלים, **כִּי כֵן א"ק שֶׁהוּא בְּזוֹיֹנַת כָּל הָעַצְמוּת, יֵשׁ³⁴ לוֹ גּוּף זַךְ³⁵** שהם הכלים דא"ק³⁶ **שֶׁבּוֹ, מתלבש עצמותו** שהם הנרנח"י שלו, וכל זה **כְּדֵי לְהִתְלַבֵּשׁ** א"ק עם הכלים שלו, שהם בעצם צלם³⁷ דא"ק **אֲזַ"כ בְּגוּף הָאֲמִיתִּי, שֶׁהוּא** עולם **הָאֲצִילוּת** יוצא שעצמות א"ק מתלבש בלבוש זך שהוא הצלם שלו, וא"ק וצלם שלו מתלבשים בגוף האמיתי שהוא גוף האצילות, וכל זה הערכין, כי א"ק הוא נשמה לאצילות, ואצילות הם גוף לא"ק ונשמה לבריאה, והבריאה היא גוף לאצילות ונשמה ליצירה, והיצירה גוף לבריאה ונשמה לעשיה³⁸. **לָכֵן אֲפִילוּ הַכֵּלִים דא"ק נִקְרָא עַצְמוּת** בערך האצילות, **וּכְמוֹ שֶׁהָעַצְמוּת** שהם הנרנח"י **מֻלְבָּד הֱיוֹת עִקְּרִיּוּתוֹ בִּפְנִימִיּוּת הַגּוּף** והם הכלים דא"ק, והם מח העצמות, עצמות, גדין, בשר ועור, **עִם**

ע"ח ש"א ענף ד' די"ג ע"ג - ובזה אל תטעה חלילה כי בא"ק יש בחינת כלים ממש ח"ו, כי הנה בחינת כלים נתגלו רק מן עולם הנקודים ואלך, כמ"ש בע"ה.
32

בית לחם יהודה ש"ג פ"ג - זולת ע"י אמצעית מלבוש זך לכל אחד מהם. כמבואר בריש פרק א' דשער כ"ו.
33

אורות הנרנח"י הם אורות גדולים ועצומים, והכלים לא יכולים להלביש אותם אם לא על ידי לבושים אשר מבודדים את האור מהכלי וגורמים לכלי לקבל את האור ולא להישבר. לבושים אלא הם סוד חלוקא דרבנן, שבהם מתלבשת הנשמה אחרי הסתלקותה לעולם הבא. חלוק זה הוא לבוש דק הנקרא צלם. ובלי צלם זה אי אפשר לאור להתלבש בכלי.
ע"ח ח"ב שכ"ו פ"א מ"ד די"ד ע"ב - ענין הצלם באמיתות, נלע"ד הנה באדם העליון יש בו ה' בחינת צורות זו בתוך זו, והם נרנח"י ויש להם בחינת חומר המלבישם ונקרא גוף וכלים. מוח, עצמות, וגידין, בשר, ועור. ואמנם אי אפשר לצורה להתלבש בתוך חומר אם לא ע"י אמצעי, נמצא כי יש ה' מיני לבושים אל ה' מיני צורות, והוא צלם של נפש, וצלם של רוח, כו' וההה' לבושים של ה' מיני צורות הנ"ל, נקרא צלמים.
34

בית לחם יהודה ש"ג פ"ג - יש לו גוף זך. שהם בחינת הכלים דא"ק.
35

הרי הרב כתב כי אין כלים בא"ק, וכאן הוא כתב שיש כלים לא"ק, פשוט הוא כי הכלים דא"ק הם בתכלית הרוחניות, רק ביחס לנרנח"י דא"ק שמתלבש בהם הם נקראים כלים, כי אין אור בלי כלי. אבל ביחס לאצילות הם אורות זכים בתכלית הזכות.
36

בית לחם יהודה ש"ג פ"ג - שבו מתלבש עצמותו. שהם הנרנח"י שלו.
37

הרב לא נכנס לפרטים בסדר התלבשות העליון בתחתון, כאן למדנו כי התלבשות שעור הקומה העליון בתחתון, מצריך לבושים כדי שהתחתון יוכל לקבל את העליון, ולבושים אלו נקראים בסוגיא זאת צלם. באמיתות הענין כדי שהתחתון יקבל את האור העליון, האור צריך להתלבש במספר מלבושים שנקראים **כ"ל צמ"א**, והם **א**ורות, שמתלבשים ב**מ**וחין. שמתלבשים ב**צ**למים. שמתלבשים ב**ל**בושין, שמתלבשים ב**כ**לים. הדברי שלום נותן בזה סימן – הוי **כל צמא** לכו למים. האורות עצמם מתחלקים, לקו הא"ס, טעמים שהוא אור הכתר, ונקודות שהם נקודי הוי"ת, והם בחכמה. לטעמים ולאור הא"ס אין שום כוונה פרטית של שם או ניקוד, ושאר כהבחינות נרמזים בהוי"ת מנוקדות, שמות של מוחין, צלמים ולבושין, ושמות הכלים, כנזכר בסדור הרש"ש, ובשער השמות. כאשר המים נמשלו לא"ס ב"ה. בדרוש זה הרב רומז לשלושה בחינות, שהם – אורות, לבושין וכלים.
תרשים ג – ח.
ישעיהו נ"ה א' – הוי כל צמא לכו למים, ואשר אין לו כסף לכו שברו ואכלו בלוא כסף ובלא מחיר יין וחלב.
38

תרשים ג – ט.

כל זה משלזז פארות[39] שהם ענפים **מאורו, בכל איברי הגוף** דא"ק[40], **מבית** שהם פנימיות הכלים **ומחוץ** שהם חיצוניות הכלים, **ובתוך עובים** שהם הכלים האמצעיים, **להמשיך בו זהיות. כן**[41] **א"ק מאיר עצמותו בכל איברי הגוף דאצילות** על ידי התלבשות הארת ז"ת דמלכות דא"ק הנקראת עתיק יומין באצילות, **ואותו אור** דהארת ז"ת דמלכות דא"ק **נקרא א"ס**[42] **בערך האצילות**[43], **ונקרא עילת העילות של האצילות** כי א"ק הוא העילה לאצילות.

אך[44] **במלבושים** שהם בי"ע בערך א"ק ואצילות **אין אור עצמות מתגלה** כדמיון האדם שהנשמה שלו מתגלה בגופו, אבל במלבושים שלו אור הנשמה לא מתגלה, **לכן בי"ע אינם מבזזינת אלהו"ת** בערך א"ק ואצילות[45], **אלא נקרא** צ"ל נקראים **נבראים, נוצרים, נעשים, וכן**[46] **על דרך זה בא"ק** שאפשר לעריך אותו בצורה אחרת, בערך הא"ס האמיתי, כאשר נעריך את א"ק ביחס לא"ס **שנעשה** א"ק **בבזזינת גוף**[47] **אל הא"ס הזה העליון** והא"ס הוא בחינת נשמה לא"ק,

---

³⁹

פארות מלשון תפארת, שהם ענפים. כל הו"ק של כל פרצוף הם הענפים היוצאים מהתפארת, ולכן בהרבה מקומות הרב קורא לו"ק או לז"א תפארת.

יחזקאל י"ז ו' – ויצמח ויהי לגפן סורחת קומה לפנות דליותיו, אליו שרשיו תחתיו יהיו, ותהי לגפן ותעש בדים ותשלח **פארות.**

זהר שמות דרכ"ג ע"ב תרגום והסבר – **וכהאי אילנא קציצא דנציץ** כמו האילן הזה שנקצץ, וחוזר לצוץ ולהצמיח ענפים, **ולא סליק** ואינו עולה כאילן שלם, **אלא אינון פארות לסטר דא ולסטר** אלא צומחים פארות, שהם הענפים, לצד זה ולצד זה. **דא דאינון ענפין דסלקין** שהם הענפים העולים מכל צד.

⁴⁰

כל אבר ואבר בכל פרצוף יש לו כלי פנימי, אמצעי, וחיצון. אפילו שיש אברים חיצוניים כמו היד, הרגל, וכו'. ואברים פנימיים כמו הלב, הכבד, המוח, וכו'. עם כל זאת לכל אבר פנימי או חיצון יש שלשה כלים שהם פנימי, אמצעי, וחיצון.

⁴¹

בית לחם יהודה ש"ג פ"ג - כן א"ק מאיר עצמותו. שהם נרנ"חי שלו.

⁴²

בית לחם יהודה ש"ג פ"ג - נקרא א"ס בערך האצילות. כי הכלים דא"ק הם נעשים נר"ן לאצילות, והנרנ"חי דא"ק הם נעשים א"ס לאצילות, כמ"ש לקמן.

⁴³

כלל – כל עולם עליון בערך התחתון נקרא א"ס.

⁴⁴

בית לחם יהודה ש"ג פ"ג - אך במלבושים אין אור עצמות.]שהם נרנ"חי דא"ק[מתגלה אלא מתלבש בבינה דאצילות, והבינה מאירה בבבריאה, כמ"ש בסמוך.

⁴⁵

כלל - המוסג של אצילות הוא הפרשה, האצילות אצלו, הבריאה היא יש מאין, היצירה היא יש מיש, והעשיה היא יש גמור.

תרשים ג – י.

⁴⁶

בית לחם יהודה ש"ג פ"ג - כן על דרך זה בא"ק שנעשה בחינת גוף אל הא"ס הזה העליון. כי הכלים דא"ק הם גוף, והקו שבו שהוא צינור דק, הוא נרנח"י דא"ק, ואור פנימי העובר בתוך הקו, הוא א"ס העליון, כמבואר בסמוך. הכלל בזה כי בחינת הכלים של העליון, הם נעשים נרנח"י לתחתון, והתחתון הוא גוף לעליון, והנרנח"י של העליון, הם א"ס לתחתון.

⁴⁷

עד עכשיו למדנו כי א"ק נקרא נרנח"י בערך האצילות, כאן הרב מעריך את א"ק בערך הא"ס, כאשר הא"ס הוא הנשמה לא"ק, וא"ק הוא בחינת הגוף בערך הא"ס.

וֹאוֹר א"ס מתגלה בו בא"ק, **אך לא במלבוש** של הא"ס העליון, **(הא"ס הַעֶלִיוֹן)** צ"ל הא"ס העליון, **שַהַם י"ס דַּאֲצִילוּת** כי בערך הא"ס האמיתי[48], א"ק הוא הגוף, והאצילות הם המלבוש, ובלבושים לא מתגלה העצמות, **כִי**[49] **הָאֵ"ס הַנִגְלָה בי"ס דַּאֲצִילוּת הוא הַנִּקְרָא א"ק כַנַּ"ל**, כי א"ק בערך האצילות נקרא א"ק, אבל א"ק הוא לא הא"ס האמיתי. **אָמְנָם**[50] **אָזוֹרֵי הַתְלַבְּשוּת אֵין סוֹף עֶלְיוֹן בֹּא"ק, בַּחָכְמָה שֶבּוֹ** כלומר שאור הא"ס עבר דרך כתר דא"ק, והתלבש בחכמה דא"ק, ואז אור הא"ס עם התלבשותו בחכמה דא"ק, עבר דרך בינה וחג"ת נה"י דא"ק, והתלבש אור הא"ס והחכמה במלכות דא"ק, **שֶאָז מֵאִיר עַל יָדוֹ** ע"י הארת ז"ת דמלכות דא"ק הנקרא עתיק יומין **בי"ס**[51] **דַּאֲצִילוּת** כי עולם האצילות לא יכול לקבל את אור הא"ס בלי מסך, וכן כל עולם ועולם צריך מסכים לקבל את האור המגיע אליו, **וְזֶה אוֹמְרוֹ** בספר תהילים[52] **כולם בַּחָכְמָה**[52] **של א"ק עָשִיתָ, וְזֶה אוֹמְרוֹ עָשִיתָ, כִי**[53] **הִי"ס דַּאֲצִילוּת הֵם בּחִזֹינַת עֲשִיָה** שהם המלבושים **אֶל הָאֵ"ס הָעֶלִיוֹן** כי א"ק הוא בחינת גוף בערך הא"ס, **כִי הֵם** האצילות ובי"ע בערך הא"ק וא"ק **מלְבּוּשִים כַנַּ"ל. וכֵן**[54] **עַל דֶרֶך זֶה א"ק, כְדֵי לְהָאִיר בְמַלְבּוּשָׁיו שֶהֵם בי"ע** כי האצילות בערך א"ק נקרא גוף, ובי"ע הם מלבושי א"ק, **מתלַבֵש בַּבִינָה דַאֲצִילוֹת** כמו שלמדנו בע"ח ש"ג פ"א, **ועַל יָדָה מֵאִיר בַבְרִיאָה, כמ"ש**[55] בתקוני הזהר **אִמָא** הכוונה לבינה דאצילות **מַקְנָּא בְכָרְסַיָּיא**

48

הכל מבוסס על תורת הערכין. כל עולם עליון הוא נשמה לעולם התחתון ממנו, והוא גוף לעולם שמעליו. והעולם התחתון הוא גוף ביחס לעולם העליון ממנו, והוא בחינת נשמה לעולם שמתחתיו. **תרשים ג – י"א.**

49

בית לחם יהודה ש"ג פ"ג - כי א"ס הנגלה באצילות הוא נקרא א"ק. כלומר הוא הנרנח"י דא"ק.

50

בית לחם יהודה ש"ג פ"ג - אמנם אחרי התלבשות א"ס העליון. הכוונה על אור א"ס העובר בתוך הקו עצמו, ומשום הכי אמר א"ס העליון, לאפוקי בחינת הנרנח"י דא"ק, שגם הם נקראים א"ס בערך האצילות.

51

ע"ח ש"ג פ"ג דט"ז ע"ב - וזה האדם נרמז בקוצו של יו"ד דשם הוי"ה, כי הוא בחינת הכתר של כללות העולמות, ואור א"ס, בכח התלבשותו בחכמה דא"ק. האציל תחתיו עולם האצילות, וז"ס כולם בחכמה עשית, וחכמה הנ"ל נתלבשה במלכות דא"ק, וזה המלכות ירדה ונתלבשה בסוד ז' ספירות שלה תוך י" דעולם האצילות, והיה זה כדי לקשר א"ק בעולם האצילות, ועד"ז בכל עולם ועולם, כמ"ש בע"ה. וראש זו המלכות שהם ג"ר שבה, נשארו במקומם. וז"ת שהם גופא דילה, של ז' ימי בראשית הם נתלבשו בי"ס דאצילות. וזה הבחינה נקרא עתיק יומין, שהם ז' ימים העתיקן מן מלכות דא"ק.

52

תהילים ק"ד כ"ד - מה רבו מעשיך הוי"ה כולם בחכמה עשית, מלאה הארץ קנינך.

53

בית לחם יהודה ש"ג פ"ג - כי הי"ס דאצילות הם בחינת עשיה אל הא"ס העליון כי הם מלבושים. כי א"ס העליון בחינת אצילות, והנרנח"י דא"ק הם בריאה, והכלים דא"ק יצירה, שהם בחינת גוף לא"ס העליון, ועולם האצילות בחינת עשיה, שהיא מלבוש של גוף א"ס העליון. **תרשים ג – י"ב.**

54

בית לחם יהודה ש"ג פ"ג - וכן על דרך זה א"ק כדי להאיר במלבושיו. כלומר, וכן על דרך זה הנרנח"י דא"ק, שנקראים א"ס בערך האצילות.

55

מקננת בכיסא, שהוא עולם הבריאה[56]. **וכל זה**[57] **שאמרנו תדע מהקדמה ב'**[58] **של מרכבת יחזקאל**[59]. וזווג לאלו המלבושים שהם בי"ע שהם בקדושה, הם **הקליפות** שנבראו לצורך גבוהה, והם מלבישים ללבושי הקדושה, ולכן **תראה שאפילו הקליפות שכנגד האצילות, אינם** שם[60] בעולם האצילות, **אלא בבריאה** כנודע

תיקוני הזהר, תיקון ו' דכ"ג ע"א עם תרגום והסבר – **דאימא עלאה** שהיא בינה דאצילות, **מקננא הכרסיא** מקננת בכיסא, שהוא עולם הבריאה.
56

כמו שהחכמה של א"ק, שהוא העולם היותר עליון מהאצילות, מאיר באצילות. כך הבינה של האצילות שהיא בעולם היותר עליון מהבריאה מאירה בבריאה. ועל דרך זה ו"ק דבריאה מאיר בעולם היצירה. ומלכות דיצירה מאירה בעולם העשיה.
57

בית לחם יהודה ש"ג פ"ג - וכל זה שאמרנו תדע הקדמה שניה של מרכבת יחזקאל. הוא בהקדמה דשער מ"ג.
58

ע"ח ח"ב שמ"ג דצ"ה ע"ב - גם צריך שתדע שכנגד כל בחינה ובחינה מלבושי הקדושה, שם כנגד הבחינה כמוה מסאבא ממש סביב מבחוץ, בכל בחינות בי"ע, ולכן ז' היכלות מסאבא שבפרשת פקודי הם בבריאה, סביב היכלי דקדושה, וכיוצא בזה ביצירה ועשיה, ועיקר האמת הוא כך שבכל מקום הקליפות הם יושבים ומסבבים ומפסיקין, בין פנימיות היושר של הנוקבא של כל עולם ועולם דבי"ע, ובין או"מ שלה דיושר ואחוריהן לאו"מ, כי אין להם יכולת להסתכל בו ופניהם, לאו"פ דנוקבא, לינק משם. ע"כ המלבושים כולם מבחוץ, ודרך זה יונקים הקליפות מכל אורות הנוקבא, ומארות ז"א ג"כ המתלבש תוך נוקבא, אך באורות אמא המתלבשת תוך ז"א אינם יונקים כלל, והבן זה. ומה עשה המאציל יתברך שם החשמל, שהוא הלבוש היותר חיצון של בינה, שזה לא נתלבש בפנים ונשאר בחוץ, ומקיף לזו"ן על כל מלבושיהן, ואין הקליפות יכולין לינק אז משם. ובהסתלק אמא, אז מסתלק גם החשמל, והחיצונים יונקים מזו"ן, וזה שכתוב כנשר יעיר קנו, על גוזליו ירחף.

ע"ח ח"ב שמ"ט פ"ב דקי"א ע"ב - ונבאר עתה מרכבת יחזקאל, שהיא ביצירה, וממנו תקיש אל השאר. דע כי הנה נתבאר שבכל העולמות יש בהם או"פ ואו"מ, והכלים של כל העולמות מפסיקין, הם באמצע בין אורות מקיפים ובין אור הפנימי, והנה האור פנימי וכליהם הם היותר עליונים בפנים והיותר תחתונים בחוץ, כי הרי עתיק הפנימי וכלי שלו בפנים מן הכל, ועליו אור פנימי וכלי דא"א, וכן כיוצא עד העשיה, שאור פנימי שלה וכלי שלה הם מלבישים כל העולמות כולם, ואורות הקיפין הם להיפך כי התחתונים יותר פנימים, כי מקיף דעשיה ע"ג כלים דעשיה, ועליו מקיף דיצירה, וכו'. ונמצא אם כן כי כלים דעשיה נקודה אמצעית של כל העשיה, וכל העולמות כולם באמצע האורות הפנימים והמקיפים, והארץ הזו שלנו היא נקודה אמצעי של העשיה, וכל העולמות. ואחר שידענו זה נחזור לעניינינו, כי הנה הקליפה דעשיה הם יותר אמצעי של כל העשיה, וכל העולמות בכללם זולת הארץ הזאת, אמנם בערך האור פנימי לבד נמצאו הקליפות מלבישים להם, ומקיפין להם, והחיצוניות מכולם. ונתחיל מאצילות, הנה תחלה הם הקליפות, והם רוח סערה כו', ואלו נקרא עור, כי עור הוא הקליפה, ולכן הוא נקרא קליפה, והנה הם ג' קליפות, ענן ורוח סערה ואש, נגד ג' ערלות מילה, ופריעה, ואטופי דמא, ובתוכם הבשר עטרת הגיד, והוא החשמל, ועל זה החשמל סובב הנוגה הקליפה רביעית, קול דממה דקה, בחשאי וז"ס ח"ש חשמ"ל ובתוכו מ"ל, שהוא עצמות של החשמ"ל, והוא הבשר, וזה החשמ"ל הוא חיות אש ממללות, מילוי דאלקים דיודין גימטריא ש' דבשר, והוא עץ הדעת טוב דאצילות, כנזכר בתקונים דף ל', לכן הוא שם יאהדונה"י, כי זהו שם החשמל כנזכר בהרבה מקומות, אך בבי"ע עץ הדעת טוב ורע, ולא החשמ"ל עצמו, אלא קליפת נגה הסובבת עליו, ומפסקת בין החשמל ובין הקליפה, וקליפה זו טוב ורע בבי"ע. אבל באצילות עצמו עץ הדעת טוב בלא רע, לכן תמצא החשמ"ל גימטריא מלבוש, והוא הבשר החופף על הג' כלים הנקרא גוף, וקליפת זו דנוגה הוא עור המפסיק בין הג' קליפות ובין החשמל, כי הוא עור זך ודק מאד שאינו ניכר והוא ע"ג הבשר, שהעורות הגסים הם ג' קליפות אחרים, וזה נקרא באצילות עץ הדעת טוב, ובבי"ע עץ הדעת טוב ורע.
59

יחזקאל כל פרק א'
60

בית לחם יהודה ש"ג פ"ג - אינם שם אלא בבריאה. כמבואר בפרק ב' דלעיל, בד"ה הם הקליפות, יעו"ש. ועיין עוד בדברינו בריש פ"ב דשער מ"ח מש"ש.

אֲצִילוּ[61]. נִמְצָא כִּי אַף שֶׁנֹּאמַר כִּי אֲצִילוּת הוּא גּוּף דְּא"ק כאשר נעריך את א"ק כא"ס, הִנֵּה[62] הָאוֹר שֶׁמֵּאִיר הָא"ק בַּגּוּף שהוא האצילות הַזֶּה, נִקְרָא נַר"ן הפרטים שֶׁל אֲצִילוּת, וּבְתוֹךְ[63] כֻּלָּם נר"ן דאצילות, והאצילות מִתְלַבֵּשׁ הָאוֹר עַצְמוֹ דְּא"ק עם הכלים דא"ק, בתוך נר"ן דאצילות, ונר"ן דאצילות בתוך הכלים דאצילות, וְכֵן[64] עַל דֶּרֶךְ זֶה בָּא"ק נֶגֶד א"ס הָעֶלְיוֹן הא"ס מתלבש בתוך נר"ן דא"ק, ונר"ן דא"ק בכלים דא"ק, וְכֵן[65] עַל דֶּרֶךְ זֶה בבי"ע שהוא[66] נֶגֶד אֲצִילוּת, הַנִּקְרָא גּוּף כלומר נר"ן דבי"ע מלבישים את האצילות[67]. וּוֹ"שׁ בַּתִּקּוּנִים,

---

[61]

ע"ח ח"ב שמ"ח פ"ב דק"ח ע"ד - ענין הקליפות של ד' עולמות אבי"ע, ונבנה דרוש זה על מאמר אחד בזוהר פרשה ויחי דרי"ז, וזה לשונו - תנא עלמא חדא אשתמודע לעילא, כד נפקי תרין צפרין, כו'. ולהבין מאמר זה צריך להקדים כמה הקדמות, הנה כמו שיש ד' עולמות אבי"ע בקדושה, כן יש ד' עולמות הטומאה, והנה בעולם האצילות אין הקליפה כי אם נגד זו"ן לבד, נגד האחוריים שלהם, ויש שם זו"ן אל הקליפה, אך לא יש למעלה כנגד או"א. ובעולם הבריאה יש קליפה אפילו נגד אמא של בריאה, ובאחוריים שלה ובאחוריים דזו"ן דבריאה. וביצירה יש קליפה נגד אחוריים דאו"א, ודזו"ן, אשר שם. ובעולם עשיה יש קליפה נגד אחוריים של כל ה' פרצופים, שהם א"א, ואו"א, וזו"ן, דעשיה.

[62]

בית לחם יהודה ש"ג פ"ג - הנה האור המאיר א"ק בגוף הזה נקראים נר"ן. הינו דבחינת הכלים דא"ק, הם נר"ן דאצילות, כי הנרנח"י דא"ק הם א"ס בערך האצילות, כמ"ש לעיל.

[63]

בית לחם יהודה ש"ג פ"ג - ובתוך כולם מתלבש האור עצמות א"ק. הם נרנח"י דא"ק.

[64]

בית לחם יהודה ש"ג פ"ג - וכן על דרך זה בא"ק נגד א"ס העליון. שכלים דא"ק הם גוף, ובחינת הקו שהוא הצינור, הם נרנ"חי דא"ק, ובתוך כולם מתלבש אור א"ס, העובר בתוך הקו.

[65]

בית לחם יהודה ש"ג פ"ג - וכן על דרך זה בבי"ע נגד אצילות. כי בי"ע הם גוף דאצילות, וכלים של האצילות הם נר"ן דבי"ע, ובתוך כולם מתלבש אור א"ס, שהם נר"ן דאצילות.

[66]

תרשים ג – י"ג.

[67]

ע"ח ח"ב שמ"ב פ"ב דפ"ט ע"ג - והנה כל מה שנברא בעולמות כולם אינם רק ד' בחינות שהם הוי"ה כנ"ל, והם - בחינת רוחני הנקרא נשמה, ובחינת איברי הגוף, ובחינת המלבושים, ובחינת הבית. ונדבר בעולם האצילות ומשם יובנו כל השאר, כי הנה פנימית כל האצילות הוא הרוחניות הנקרא נשמה, והיא מלובשת תוך איברי הגוף הנקרא כלים, שהם הי"ס, הנקרא ראש וזרועות וגוף. ונחזור לענין הגוף כי זה הבחינה הוא י"ס, עשר מדות, כי יש בהם גבול ומדה, כמ"ש בפרקי ההיכלות בשיעור קומה שהוא רל"ו אלפים רבבות פרסאות כו', וגוף הזה מלובש תוך לבושי דאצילות, וכמו שארז"ל בעשרה לבושים נתלבש הקב"ה, לבוש של גאוה, שנאמר ה' מלך גאות לבש, וזה סוד הנזכר בפרקי היכלות, כי שם החלוק של הבורא יתברך נקרא זהרי"אל, כו'. אך בנשמה שבפנים אין מדה כלל, אמנם בערך הא"ס נוכל לכנותם בשם מדות וספירות, גם אל הנשמה. והנה המלבושים, האלה הם בתוך בחינת הבתים שהם ז' היכלות דאצילות, שהם בחינת העולם בעצמו, שהם השמים והארץ, והאויר שביניהן, כי כל זה בחינת הבתים והם נקראים עולם אצילות, אשר בתוכו יושב האדם העליון, שהוא נשמה, וגוף ולבושי מלך נתונים בהיכל מלך עליון, שהוא כללות עולם האצילות, ואלו הד' בחינות הם בחינת הי"ס המתחילין מחכמה הנ"ל, ויש בהם ד' בחינות כנ"ל, ועוד יש בחינת הכתר שהוא בחינה הה' הנ"ל, שורש לכולם, ויש בה ג"כ שורש ד' בחינות הנ"ל. ונמצא שבחינת האור והנשמה שבכתר שורש לי"ס הנשמות דאצילות המתחילין מחכמה כנ"ל, ובחינת הגוף שבכתר הוא שורש לי"ס הגופות שבי"ס דאצילות, המתחילין מחכמה כנ"ל, ובחינת הלבושים שבכתר הוא שורש לי"ס הלבושים שבי"ס דאצילות, המתחילין מחכמה כנ"ל, ובחינת היכל שבכתר שורש לי"ס ההיכלות שבי"ס האצילות, המתחיל מחכמה כנ"ל. אח"כ נברא עולם הבריאה ע"ד הנ"ל ממש, כי דרך המסך שהוא קרקע ההיכל דאצילות האיר למטה ונחתם שם חותם, כל מה שהיה בעולם האצילות ונקרא עולם הבריאה, יען הוא אור של תולדה, ואינו אור עצמו העליון, ואמנם כיון שהוא חותם האצילות, צריך שיהיו בו כל הבחינות אשר באצילות, והוא כי בחינת הכתר שהוא בחינה הה' הכלולה מד' בחינות הנ"ל, החתים כתר בראש הבריאה כמוהו, ומאור הכתר דאצילות נחתם אור הכתר דבריאה, ומגוף כתר דאצילות נחתם גוף כתר דבריאה, ומלבוש כתר

וּבְסֵפֶר הַזֹּהַר [68] **דְּכוּרְסַיָּא** הכיסא, שהוא עולם הבריאה **דְּאִיהוּ אִמָּא** צ"ל אמה **כְגוּפָא** [69] הוא כגוף **לְגַבֵּי שְׁכִינְתָּא** לעומת המלכות **דַּאֲצִילוּת** כאשר נעריך את האצילות כנרנח"י, כל בי"ע יהיו הגוף, **נִמְצָא כִּי הַקְּלִפּוֹת** בערך האצילות **יְהְיֶה** צ"ל יהיו **לְבוּשִׁים בָּאֲצִילוּת בִּכְלָלוּת** כי בערך זה, האצילות הוא נרנח"י, בי"ע הם גוף, והקליפות לבושים, **עִם** [70] **הֱיוֹת שֶׁבְּפְרָטוֹת יֵשׁ גּוּף בָּאֲצִילוּת עַצְמוֹ** כאשר נפרט את האצילות לאבי"ע דאצילות, יהיה האצילות דאצילות נרנח"י, ובי"ע דאצילות גוף האצילות, **וּבִי"ע** [71] הכללים **הֵם** יהיו **לְבוּשִׁים אֵלָיו** [72] לעולם האצילות [73] כאשר האצילות הוא גוף לא"ק, וא"ק הוא נרנח"י. הרב ז"ל מביא הקדמה חדשה הקשורה לכלים, ולא לבחינת הנשמות, **וְהִנֵּה** [74] **כָּל בְּחִינַת הַכֵּלִים שֶׁל כָּל הָעוֹלָמוֹת, יֵשׁ** [75] **בָּהֶם חִיצוֹנִיּוּת וּפְנִימִיּוּת. וּכְבָר** [76]

דאצילות נחתם לבוש כתר דבריאה, ומהיכל כתר אצילות נחתם היכל כתר בריאה, אלא שלא נמשכו האורות אלו מכתר דאצילות ממש, לכתר דבריאה אלא ע"י מלכות שבמלכות דאצילות, שהוא עתיק דבריאה כנ"ל, המתלבש בכתר דבריאה, והיא המשיכה אלו ד' בחינות שבכתר דאצילות, ובראם בכתר דבריאה, וכעד"ז עשו י"ס דאצילות והמשיכו אורם דרך המלכות הנ"ל, אשר בכתר הנ"ל, והחתימו חותם דאצילות בבריאה, נשמה מנשמה, גוף מגוף, לבוש מלבוש, היכל מהיכל. ועל דרך זה ביצירה, כי המלכות דבריאה היא עתיק, מחובר עם א"א דיצירה, ושם נקרא כתר דיצירה וה' פרצופים דבריאה, המשיכו והחתמם חותם ביצירה על דרך הנ"ל בבריאה, נשמות מנשמות, וגופים מגופים, ולבושים מלבושים, והיכלות מהיכלות. וכן על דרך זה ה' פרצופים דיצירה, החתימו בחינותיהן בעשיה, נשמות מנשמות וגופים מגופים, לבושים מלבושים, והיכלות מהיכלות. וכעד"ז הנ"ל, כל העולמות יחד בכללות אחד.
68

זהר משפטים דצ"ד ע"ב עם תרגום והסבר- **מַאן גּוּפָא דְּבַרְתָּא דְמַלְכָּא** מי הוא הגוף של בת המלך, שהיא מלכות דאצילות, **דָא מְטַטְרוֹן** הוא מט"ט, שבעולם היצירה, והכוונה כאן לכל עולמות בי"ע, **וְהַאי גּוּפָא אִיהוּ אִמָּה דִּשְׁכִינְתָּא** והגוף הזה הוא אמה, לשכינה. **אַף עַל גַּב דְּאִיהִי בִּשְׁמָתָא** ואפילו שמט"ט הוא רוחני **דְּאִיהִי בַרְתָּא דְמַלְכָּא שְׁבוּיָה תַּמָן** בת המלך שהיא מלכות דאצילות, שבויה שם בנרתיקה, שהוא הגוף בערך הנשמה.
ע"ח ח"ב שמ"ב פ"ב ד"צ ע"ב - ובזה תבין מארז"ל אשתו כגופו דמיא, כי הבריאה אשת האצילות היא, שהרי הם חו"ב כנ"ל, ואפילו שיש ג"כ נשמות בבריאה, נקרא גופות בערך נשמות דאצילות, כי כמו שהאשה מקבלת מבעלה, כן הגוף מקבל מהנשמה.
69

בית לחם יהודה ש"ג פ"ג - כגופא לגבי שכינתא דאצילות. כלומר הרי מבואר מזה שהבריאה היא גופא לגבי האצילות, וכמבואר בפרק ב' דשער מ"ב בד"ה - וז"ש בזוהר משפטים וכו', ובדבורים שלאחריו, יעו"ש.
70

בית לחם יהודה ש"ג פ"ג - עם היות שבפרטות יש גוף באצילות עצמו. שהרי כל עולם יש בו בחינת יו"ד כלים הנקראים גוף, שבתוכם מתלבש אור הפנימי.
71

בית לחם יהודה ש"ג פ"ג - ובי"ע לבושים אליו. כלומר ולא הקליפות לבושין אליו, וכ"ז הוא בפרטות ולא בכללות, האמור לעיל.
72

הגהות ובאורים)ה(– פרוש שיש אבי"ע דאצילות, ובי"ע התחתונים, ודי בזה.
73

כל עולם כללי מעולמות אבי"ע נפרט לאבי"ע פרטים, כאשר לאצילות יש אבי"ע פרטים שנקראים אבי"ע דאצלות, ולבריאה יש אבי"ע פרטי הנקרא אבי"ע דבריאה, וכן ליצירה יש אבי"ע דיצירה, ולעשיה אבי"ע דעשיה. אפשר לעריך את האצילות דאצילות כנרנח"י ביחס לבי"ע דאצילות, ובי"ע דאצילות יהיה גוף, וכל אבי"ע דבי"ע יהיו בחינת לבושים. **תרשים ג – י"ד.**
74

בית לחם יהודה ש"ג פ"ג - והנה כל בחינת הכלים. הוא ענין בפני עצמו.
75

הוֹדַעְתִּיךָ אֵיךְ כָּל הָעוֹלָמוֹת אֵלּוּ שהם א"ק ואבי"ע, זֶה העולם נַעֲשָׂה גּוּף כָּזֶה העולם, וְזֶה העולם כָּזֶה העולם, כלומר כל עולם עולם תחתון נעשה לעולם שמעליו, וְנִמְצָא כִּי כָל הָעוֹלָמוֹת כּוּלָם כָּאֶחָד, אֲפִילוּ א"ק, כָּל הַכֵּלִים שֶׁלָּהֶם, יֵשׁ בָּהֶם בְּחִינַת כלים של פְּנִימִיּוֹת וְחִיצוֹנִיּוֹת[77] בְּכָל כְּלִי[78]. וְדַע ועוד ידיעה זאת חשובה ביותר, כִּי כָל בְּחִינַת וָ"ן שֶׁיֵּשׁ בָּעוֹלָמוֹת כּוּלָם[79], נִקְרָא ז"ק [נ"א ו"ק] שֶׁל גּוּף שֶׁל אוֹתוֹ עוֹלָם

בית לחם יהודה ש"ג פ"ג - יש בהם חיצוני ופנימי . ר"ל יש בהם ג' כלים חיצוניות, וג' כלים פנימיות, כמ"ש בסוף דרוש, א"כ מוכרח וכו', ובחינת ג' כלים חיצוניות, וג' כלים פנימיות, נזכרים ג"כ בסוף פרק ד' דש"כ, בענין הקטנות דליל פסח וכו', ובפרק א' דשער כ"ח, ויותר הם מבוארים באמצע פרק א' דשער מ', וז"ל - הנה אין לך פרצוף מכל הה"פ שבכל ד' עולמות אבי"ע, שכל אחד יש לו ג' כלים וכו', וכל זה נקרא חיצוניות העולמות, וכנגדן יש גם כן ג' כלים פנימיות דנשמות וכו', יעו"ש.
[76]

בית לחם יהודה ש"ג פ"ג – וכבר הודעתיך. הוא בפרק ה' דשער מ'.
[77]

הגהות ובאורים)ו(– עיין נהר שלום דצ"ו ע"ב שיטה י"ג, ועיין תו"ח דקל"ח סוף ע"ג סוף ע"ב.
[78]

כלל – לכל כלי יש בחינת פנימיות הכלי, וחיצוניות הכלי. לכל אור יש בחינת אור פנימי, ואור מקיף.
[79]

כל מה שהאציל הא"ס ב"ה בעולמו נברא חסר. וצריך להשלים את הג"ר הפרטים שלו.
תרשים ג – ט"ו
כל העולמות מהעליון ביותר עד התחתון יצאו חסרים, כי השלמות נמצאת רק בבורא התברך. אולם העולמות העליונים נקראים שלמים ביחס לתחתונים מהם. כל עולם הוא בחינת ז"א לעולם שמעליו, כלומר כל עולם ביחס לעולם שמעליו חסר לו ג"ר, וצריך להשלימם. לדוגמה אם ניקח את פרצוף ז"א דאצילות, שיצא מבחינת ו"ק, וחסר לו ג"ר שהם כתר, חכמה, בינה.
תרשים ג – ט"ז.
את הבינה שהם בחינת ישסו"ת)לפי דרוש הדעת(הוא משלים במשך ימי החול, ובערבית ושחרית של שבת עד נשמת כל חי. וכל אחד מהעולמות והפרצופים משלימים את בחינת הישסו"ת שלהם, ועולים מדרגה אחת, כאשר ז"א מקבל נשמה, ועולה לבחינת ישסו"ת.
תרשים ג – י"ז.
את החכמה שהם בחינת אבא ואימא עלאין)לפי דרוש הדעת(משלים ז"א בתפילת שחרית של שבת, מוסף וחזרת תפילת מוסף. וכל אחד מהעולמות והפרצופים משלימים את בחינת או"א שלהם, ועולים מדרגה אחת, כאשר ז"א מקבל חיה, ועולה לבחינת או"א עלאין.
תרשים ג – י"ח.
את בחינת הכתר שהוא בחינת א"א, ז"א משלים בתפילת מנחה, חזרה של תפילת מנחה, וסעודה שלישית. וכל אחד מהעולמות והפרצופים משלימים את בחינת א"א שלהם, ועולים מדרגה אחת, כאשר ז"א מקבל יחידה, ועולה לבחינת א"א, בזמן זה ז"א עולה עד טבור דא"ק.
תרשים ג – י"ט.
יוצא כי תכלית שלמות ז"א בזמן זה, הוא מגיע עד א"א, שהוא במקום טבור דא"ק. וכאשר ז"א משתלם גם הפרצופים שמעליו עולים, וגם הפרצופים שמתחתיו עולים.
כאשר ז"א עולה לבינה שהם פרצופי ישסו"ת, הבינה עולה לחכמה שהם פרצופי או"א, והחכמה לכתר שהוא פרצוף א"א, א"א עולה לאורות אח"פ שהם ס"ג דא"ק. ובאותו זמן הנוקבא והעולמות התחתונים עולים גם הם, כאשר הנוק' עולה למקום ז"א, הבריאה לנוק' דאצילות, היצירה לבריאה, והעשיה ליצירה.
וכאשר זה עולה לחכמה שהם פרצופי או"א, הבינה עולה לא"א, החכמה לס"ג דא"ק, וא"א לע"ב דא"ק. ובאותו זמן הנוקבא דאצילות עולה לבינה, הבריאה לז"א, יצירה לנוקבא דאצילות, והעשיה לבריאה.
וכאשר ז"א עולה לא"א, הבינה עולה לס"ג דא"ק, החכמה לע"ב דא"ק, א"א לגולגלתא דא"ק, ובאותו זמן הנוק' עולה לפרצופי חכמה דאצילות, הבריאה בבינה דאצילות, יצירה בז"א דאצילות, והעשיה בנוקבא דאצילות. וזאת היא תכלית העליה דז"א בזמן הזה.)כל זה למדנו בפרק ב' דשער ג'(

כלומר כל עולם ביחס לעליון ממנו הוא בעל ו"ק, וחסרים לו חב"ד, אבל ביחס לעולמות שתחתיו הוא שלם[80], **כי כן יצאו בעת אצילות הראשון** הנקרא עולם הנקודים, **שנאצלו וזסרים ג"ר לו"א, וט"ר**

וצריך לדעת כי כאשר כל הפרצופים עולים מדרגה אחר מדרגה, גם א"ק עולה במדרגה אחר מדרגה, למקומות שהשפה לא יכול לדבר, כי הרב לא נתן רשות לדבר במקומות אלו.

גם צריך לדעת כי כל העליות האלה הם בזמן זה לפני בוא המשיח, אבל לעתיד לבוא תכלית העליה תהיה כאשר פרצוף ז"א יעלה עד גולגלתא דא"ק.

הקדמת רחובות הנהר ד"ח ע"ב - והענין ידוע כי הזו"ן דאצילות דכל פרט, כבר הם שלמים מצד עצמם מבחינת ו"ק דכללות האצילות, שהם השני פרצופים חיצון ואמצעי נה"י וחג"ת הכוללים, כל אחד כלול מה' פרצופים עם נרנ"י דנפש ורוח הכוללים, מלובשים בהם, וזה מצד המאציל העליון ואינם חסרים מהז"א לעולם, וכל אותם המוחין והצלמים שמקבלים הזו"ן מישסו"ת, שהם עיבור, יניקה, ומוחין דגדלות ראשון, הוא בירור ותיקון דפרצופים דפרצוף השלישי, הנקרא בינה דזו"ן, הנתקן על ידי ישסו"ת, הנקרא בינה, נשמה דאצילות, וכנזכר בתחילת פ"ח משער המוחין ע"ש. ונמשכים להם ה' בחי' נרנח"י דנשמה, בה' צלמי המוחין מלובשים בה' פרצופי ישסו"ת, לה' פרצופי בינה הנזכרים דזו"ן, ועי"י נגדל קומת ז"א, עד שיעור כל קומת ישסו"ת, שהוא עד חזה דא"א, כי הלביש לה' פרצופי ישסו"ת. ואח"כ כל פרצוף עם הצלם דמוחין שבו, מתפשט בו' דכל פרצוף מה' פרצופי בינה דזו"ן, נגדל כל פרצוף, ונעשה בן י"ס גמורות, כשיעור אותו הפרצוף שנתפשט בו. באופן כי כשלקח ז"א כל גדלות ראשון, שהם נרנח"י דנשמה, אז כבר הוא גדול כשיעור ישסו"ת, ונקרא בשם ישסו"ת, כי כפי עליית הזו"א בישסו"ת, ולקיחתו המוחין דנשמה מהם, כך עליית ישסו"ת באו"א עילאין, ולקיחתם המוחין דחיה מהם, וזה בערך האצילות. אמנם בערכם גם אלו נקראים מוחין דנשמה, וגם או"א עלו וקבלו מוחין מא"א, ונקרא בשם א"א, עד"ז וא"א בשם אח"פ, שהם אורות דס"ג דא"ק, ואח"פ בשם אורות דע"ב, דחכמה דא"ק, ואורות דע"ב בשם אורות שערות גולגלתא כתר דא"ק.

וכן נוקבא הכוללת דאצילות, הנקרא נוקבא דז"א, עלתה לקבל מוחין מהז"א הכולל, ונגדלה כמהו עתה ונקראת עתה בשם ז"א דאצילות, והבריאה עלה למקום הנוקבא הנזכרת דאצילות, ונקראת בשם נוקבא דאצילות, והיצירה עלה למקום הבריאה, ונקרא בשם בריאה, והעשיה עלה למקום היצירה, ונקרא בשם יצירה. הרי בעלות הזו"ן דאצילות, לקבל מוחין דנשמה, ונתקן ונגדל פרצוף השלישי, הנקרא בינה שלהם כנזכר, עלו ג"כ פרטי פרצופי כל העולמות, עליונים, ותחתונים, וקבלו גם הם מוחין דנשמה, כל פרצוף מפרצוף שעליו. כפי סדר עליית הזו"ן כנז"ל.

וכן בעלות הזו"ן דאצילות עוד, לקבל מוחין דחיה, הנקרא מא"א עילאין, מא"א עילאין, כגון בשחרית ומוסף דשבת דיו"ט, או בליל פסח, והוא מישסו"ת שעלו כבר, ונקראין בשם או"א עילאין כנז"ל, מהם מקבלים מוחין דחיה לפרצוף הד' דזו"ן, הנקרא חכמה, על דרך סדר קבלתם המוחין דנשמה דזו"א, ועי"כ נגדל הזו"א עד שיעור קומת או"א עילאין, שהוא עד הגרון דא"א, ונקרא עתה בשם או"א עילאין,) וישסו"ת שכבר נקראים בשם או"א עילאין, עולים עתה ומקבלים מוחין דחיה מא"א, והוא מאו"א עילאין, סכ"י(שעלו כבר ונקרא א"א, מהם מקבלין מוחין דחיה, ונקראים עתה בשם א"א, ואו"א עילאין עולים עתה ומקבלים מוחין דחיה מא"א, עלה כבר ונקרא בשם אח"פ ונקרא עתה בשם ע"ב דא"ק, ואורות אח"פ עולים לגולגלתא דא"ק, ונקרא בשם הגולגלתא, וכן נוקבא דז"א עולה עתה למקום ישסו"ת, והבריאה למקום ז"א, ויצירה למקום נוקבא, והעשיה למקום הבריאה.

וכן עד"ז בעלות הזו"ן דאצילות, עוד לקבל מוחין דיחידה מא"א, כגון במנחה דשבת, והוא מישסו"ת שעלו כבר, ונקרא בשם א"א, מהם מקבלים עתה מוחין דיחידה, לפרצוף החמישי דזו"ן, הנקרא כתר, על דרך סדר קבלת המוחין דנשמה, ועי"כ נגדל הז"א עד שיעור קומת א"א, שהוא עד טבורא דא"ק, אשר שם שורשו, ונקרא בשם א"א, וישסו"ת עולים לאח"פ, שהם אורות דס"ג דבינה דא"ק, שורשי ישסו"ת, ואו"א לע"ב דחכמה דא"ק, שהוא שורשם, וא"א לגולגלתא כתר דא"ק, שהוא שורשו, וכן נוקבא דז"א עולה עתה למקום או"א עילאין, והבריאה למקום ישסו"ת, שהוא שורשה. והיצירה למקום ז"א, שהוא שורשו, והעשיה למקום נוקבא דז"א דאצילות, שהוא שורש העשיה.

וכתב בסוף פי"ב משער המוחין שזהו תכלית עליית הזו"א כי אז נשלם הז"א לגמרי והסוד במה שידעת כי העולמות נפלו ממקומם ומקום ז"א בראשונה הוא במקום שהוא עתה א"א והבן זה עכ"ל.

80

יש כלל יסודי בדברי הרב כי לעולם כל פרצוף הוא בעל י"ס, וכמו בעולמנו, כאשר נמצא התינוק בבטן אימו, יש לו את כל הרמ"ח אברים, שהם י"ס, שהם חב"ד חג"ת נה"י"ם, ולא חסרים לו מוחין בערכו. אומנם בזמן העיבור הוא נקרא בעל ג' ספירות, שהם נה"י, ובזמן היניקה הוא נקרא בעל ו"ק, שהם חג"ת נה"י, ורק בזמן הגדלות שנקרא מוחין, הוא שלם בחב"ד חג"ת נה"י.

תרשים ג – כ.

יש גורסים ט"ת[81] **לֹנוּקְבָא**[82] גם או"א וא"א יצאו חסרים ביחס למה שלמעלה מהם, וגם הם צריכים עי"מ[83], **ואלו הב'** שהם ז"א ונוקבא **צְרִיכִים ג' זְמַנִּים, שֶׁהֵם עִיבּוּר** שנמשל בעולם שלנו לתשעה חודשי הריון, **יְנִיקָה** נמשל לשנתים שהתינוק יונק מהאמא שלו, **וּמוֹחִין** זמן גדלות הילד, ויש בזמן זה מספר שלבים **לְהַשְׁלִימָם** את זו"ן. **נִמְצָא כִּי כָּל עוֹלָם וְעוֹלָם, אֵינָם צְרִיכִים עִיבּוּר, יְנִיקָה, וּמוֹחִין, רַק זוּ"ן**[84] **שֶׁל אוֹתוֹ עוֹלָם** כי רק זו"ן של אותו עולם יצאו חסרים, **בְּעֵרֶךְ א"א, וְאוּ"א, שֶׁל אוֹתוֹ הָעוֹלָם, שֶׁהֵם** יצאו **שְׁלֵימִים כְּפִי** זו"ן של **אוֹתוֹ עוֹלָם. אָמְנָם**

---

[81] יש שני שמועות בדברי הרב, האחת כי הנוק' יצאה רק בבחינת המלכות שלה, כמו השמועה כאן, שלנוקבא חסרים תשע ספירות ראשונות. השמועה השניה היא שיצא רק בחינת הכתר דנוקבא, וחסרים לה תשע תחתונות. **עי"ח שי"א פ"ה דנ"ב ע"א** – והנה כל נקודה ונקודה מהם צריך שתהיה כלולה מי' נקודות פרטיות שבה, כדי שיעשו אח"כ כל אחת מהם בחינת פרצוף אחד כלול מי"ס, ואמנם לא היה כך מתחלה, והיה חילוק באלו הנקודות באופן זה, כי הנקודה א' ב' ג' כולם היו שלימות בכל חלקיהם, פירוש שבכל נקודה מהם היה בחינת י' נקודות פרטיות, וכל אחד מאלו הג"ר היתה כלולה מי' נקודות. אמנם הנקודה הראשונה כתר היתה גדולה מכל הי' נקודות]נ"א מכל הנקודות[אשר למטה ממנו, וכן הב' נקודות שהם הב' וג' חו"ב היו גדולים מכל מה שלמטה מהם. אבל הנקודה הד' אשר היא בחי' ז"א לא יצאה כלולה מי' נקודות פרטיות שבה, רק יצאתה כלולה מו' נקודות, שהם ו' נקודות התחתונים, הנקודה ההוא וחסרו ממנו ג' נקודות הראשונים, הפרטיות בה. באופן שאע"פ שאמרנו שז"א כלול מו' נקודות אינם אפילו נקודה אחת שלימה, רק ו' נקודות פרטיות שבנקודה אחת, וחסרו ממנו שלשה ראשונים, והרי יצא ז"א חסר משאר הפרצופי הג' העליונים. ואמנם הנקודה הה' שממנה נעשה הנוקבא דז"א, אין לומר בה שיצאה כלולה מי' על דרך ג' ראשונות, שאם כן נמצאת מעלתה גדולה מז"א. אמנם נקודה זו היא נקודה פרטית מן י' נקודות שהיו צריכין להיות בנקודה שלה, והיא בחינת הכתר שלה בלבד. באופן שג' נקודות הראשונים יצאו כ"א מהם כלולה מי' נקודות, ונקודה רביעית יצאה כלולה מו' נקודות תחתונים שבה לבד, ונקודה הה' לא יצאה רק **החלק העליון שבה, שהיא כתר שבה לבד**. וכדי לידע חשבון מה שיצא מן הז"א אנו אומרים שיש לו י' נקודות, אמנם ודאי שאינם רק ו' חלקים של נקודה אחת לבד. והרי נתבאר איך הם י' נקודות, וכפי האמת אינם רק ה' נקודות, והרי נתבאר שינוי אחד שיש בין הג' נקודות ראשונים, אל הז' נקודות התחתונים.

נהר שלום, דרוש הדעת ד"מ ע"ד – דע כי אף על פי שהוזכר תמיד היותם עשר ספירות, אינם רק חמשה ספירות, וכל ספירה הוא פרצוף אחד וכולל עשר מדות, ונקראת א"א וזו"ן. וזה פרטם כי ספירת הכתר כוללת עשר מדות, ונקראת א"א. וספירת החכמה כוללות עשר מדות, ונקראת אבא. וספירת בינה כוללת עשר מדות, ונקרא אימא. וספירת הדעת דחסדים כוללת עשר מדות, אך כשנאצל לא היו בו רק שש מדות, חג"ת נה"י שבדעת, והם הם החג"ת נה"י הנקרא אצלינו מכלל העשר ספירות. אבל אינם רק מדות, ולא ספירות כמו הג' ספירות הראשונים. וספירת הדעת דגבורה כוללת עשר מדות, ונקרא נוקבא נוקבא דזעיר, **אך כשנאצלה לא היה בה רק מדה אחת לבד העשירית, והיא מלכות שבדעת הנזכר**, והיא היא המלכות הנקרא אצלינו מכלל העשר ספירות, אבל אינה רק מדה אחת, ולא ספירה. **עי"ח שי"א פ"ו מ"ת דנ"ב ע"ד** – והנה גם בזו"ן עצמן יש שינוי ביניהן, כי פשוט הוא שאין הפגם הנוגע בנוקבא שוה אל הפגם הנוגע עד ז"א ממש, שהוא גדול ומעולה ממנה, והחילוק שיש בזה, הוא כי)**ע"י** הפגם המגיע עד נוקבא לבד, אפשר שיהיה כח בפגם ההוא אם יהיה החטא גדול באופן שיגרום שיסתלקו ממנו הט' חלקים כולם, ולא ישאיר בה רק חלק עשירית, שהוא כתר שבה. אבל בז"א אין כח בפגם מעשה התחתונים שיסתלקו ממנו הו"ק, רק הג"ר לבד. וצריך לתת טעם לזה, ובכלל זה הדבר נבאר מ"ש לעיל, כי ביציאת נקודת ז"א יצאו ו' חלקי תחתונים, ולא ג' ראשונות, ובנקודות **הנוקבא יצאה נקודת העליונה, כתר שבה בלבד**, וט' חלקי התחתונים לא יצאו.

[82]

הגהות ובאורים)**ז**(– נ"א ט' אחרונות והכל כאחד, עיין מ"ש במקום אחר)עיין שער י"א פ"ה מ"ב(כי כל נקודה דמלכות הוא סוד כתר, ונחסרו ממנו בחינת תשעה כלים אחרים, ולפי נוסחת הספר הוא בבחינת האור, כי כן בנקודות)עיין שער תיקון הנוקבא פ"ב(, מלכות העקודים לא היה כי אם אור המלכות שלה.

[83]

עי"מ – עיבור, יניקה, מוחין.

[84]

כלל – כל מקום שהרב מזכיר את זו"ן הכוונה לשש הנקודות דז"א, ולנקודה האחת דנוקבא, שיצאו בהתחלה, לפי התיקון, וכל זה בכל שעור קומה.

בבחינת הכלל יהיה כל החמש פרצופים שהם א"א, או"א, וזו"ן **שבאותו עולם, נקרא זו"ן אל** כלומר בערך **עולם שלמעלה ממנו**[85], **ויהיו** [די"ז ע"ג 34] **חסרי מוחין** הערך העולם שלמעלה מהם **בבחינת הכלל כנ"ל, והבן זה היטב.** הרב ז"ל חוזר לסוגית הכלים, **נמצא כיון שיש ב' בחינות בכל מיני כלים** שנקראים מחצב החיצוניות, ומחצב הפנימיות, **שהם חיצוניות** הכלי, **ופנימיות** הכלי, **אם**[86] **כן מוכרז הוא שיהיה עי"מ בכלים חיצוניים, ועי"מ בכלים פנימיים** הראיה היא מגוף האדם, שיש לו כלים פנימיים כמו הכבד, הלב, ומוח, וכו'. ויש לו כלים חיצוניים כמו הידיים והרגלים, וגם בכלים הפנימיים והחיצוניים יש בחינת עיבור, יניקה ומוחין, ורואים אך האדם גודל מתוך הבטן של אימו, ובמשך כל שנות חיו. **הנה**[87] **בראש השנה**[88] **בתחילה נעשה כלים פנימיים**[89], **אך**[90] **בקבלת שבת, ובתפלה של שאר ימי החול**[91],

---

85

בכל עולם יש בכללות חמש פרצופים, שהם א"א, או"א, וזו"ן. כל עולם הוא זו"ן בערך העליון ממנו. לדוגמה עולם העשיה הוא זו"ן בערך היצירה, והיצירה הוא זו"ן בערך הבריאה, והבריאה היא זו"ן בערך האצילות, והאצילות הוא זו"ן בערך א"ק, וא"ק הוא זו"ן בערך הקודם אליו.

תרשים ג – כ"ב.

הקדמת רחובות הנהר ד"ג ע"א - והענין כי כל פרצוף תחתון מחבירו נקרא בן אליו, והוא מברר בירורי פרצוף העליון ההוא שעליו, ומעלה אותם לפרצוף שעל גבי פרצוף שעליו לתקנם, וכמ"ש במ"ש ש"ב ח"ג פ"ט, וז"ל - וכל תחתון מחבירו נקרא בן אליו, והוא המעלה המ"ן שלו, נמצא כי כל הפרצופים דכל העולמות נקרא בנים, שהן זו"ן, אלא שכל פרצוף נקרא ב"ן שהוא זו"ן בערך הפרצוף שעליו, ונקרא או"א בערך הפרצוף שתחתיו, ונקרא א"א בערך הפרצוף התחתון השלישי אליו, ונקרא עתיק בערך הפרצוף התחתון הרביעי אליו, נמצא שכל פרצופי כל העולמות נקראים זו"ן, שהם ו"ק, וכמ"ש בשער ג' שער עיגולים ויושר פרק ג', וז"ל - דע כי בחינת זו"ן שיש בכל העולמות כולם הם נקרא ז' קצוות של גוף של אותו העולם, כי כן יצאו בעת האצילות הראשון, שנאצלו חסרים ג"ר לז"א, וט"ר לנוקבא, ואלו הב' צריכים ג' זמנים, עיבור, יניקה, ומוחין להשלימם, נמצא כי בכל עולם ועולם, אינם צריכים מוחין, ועיבור, רק זו"ן של אותו העולם, בערך א"א, ואו"א, של אותו העולם, שהם שלמים כפי אותו העולם, אמנם בבחינת הכולל יהיו כל הה' פרצופים של אותו העולם, נקראים זו"ן של עולם שלמעלה ממנו, ויהיו חסרים מוחין בבחינת הכולל כנזכר, והבן זה היטב עכ"ל.

הרי מבואר כי כל פרצופי כל העולמות הם זו"ן, למה שלמעלה מהם, ושכל חמשה פרצופים דכל עולם, הם זו"ן, שהם ו"ק לה' פרצופים של עולם שלמעלה מהם, כל פרצוף לפרצוף שכנגדו בעולם העליון, המשל בזה כי חמשה פרצופי האצילות הם זו"ן שהם ו"ק לה' פרצופי א"ק, וחמשה פרצופי א"ק, כל אחד נקרא או"א, לפרצוף שכנגדו בה' פרצופי האצילות, **וגם ה' פרצופי א"ק, גם הם נקראו זו"ן, שהם ו"ק, בערך הקודם אליו,** וכמ"ש הרב בשער ההקדמות בדרושי א"ק, וז"ל - ועתה יתבאר ענין אחד נמשך מן האמור, והוא כי הנה שם אדם אינו נקרא אלא הזכר והנקבה, שהם זו"ן שהם מ"ה וב"ן, ונמצא כי א"ק הוא בחינת זו"ן, מ"ה וב"ן בערך הקודם אליו, ודי בזה.

86

בית לחם יהודה ש"ג פ"ג – אם כן מוכרח הוא שיהיה עי"מ בכלים החיצונים וכו'. ג' כלים החיצונים הם מלובשים זה תוך זה, של ג' זמנים דעי"מ, ובתוכם ג' כלים הפנימים, זה בתוך זה דג' זמנים דעי"מ.

87

בית לחם יהודה ש"ג פ"ג - והנה בראש השנה בתחלה נעשה כלים הפנימיים. כלומר תחלה נעשו מוחין דכלים הפנימים, ואח"כ נעשים המוחין דג' כלים החיצונים.

88

הגהות ובאורים)א(– עיין לקמן בשער אנ"ך סוף פרק י'.

89

שער הכוונות, דרושי ראש השנה, דרוש ב' - והענין הוא במה שהודעתיך בתפילת שחרית דחול, כי כל התפילות שאנו מתפללים בזמן הגלות והחורבן, אין בהם כח להעלות בחינת פנימיות העולמות בלבד, ולכלול פנימיות דעשיה ביצירה, וזה בזה, וזה בזה, עד האצילות, וזה בכח נשמותינו הנמשכות מבחינת הפנימיות. אבל בחינת החיצוניות, שהם העולמות בעצמם, והמלאכים, אינם יכולים לעלות, וזה סוד הן אראלם צעקו חוצה, ר"ל כי המלאכים צועקים לסיבת

היותם חוצה, ואינם פנימיות כמו נשמת בני אדם. והנה קודם החורבן היה כח ויכולת בתפלתינו להעלות הפנימיות
והחיצוניות ביום אחד בלבד, ולא היו עושים רק יום אחד בלבד, זולתי כשלא באו העדים אלא מן המנחה ולמעלה. אבל
אחר החורבן הוא בהכרח לעשות ב' ימים של ראש השנה, וכנזכר בדברי רשב"י בספר הזהר, וביום הא' עולה בחינת
הפנימיות והנשמות. וביום הב' עולה אף בחינת החיצוניות. וזהו הטעם שאמרו בספר הזהר בפרשת פנחס בדף רל"א
ע"ב, דיום הא' הוא דינא קשיא, והב' הוא דינא רפיא. והטעם הוא כי ביום הא' עדיין לא נתבסמו העולמות, ואינם יכולין
להתעלות ליכלל זה בזה, אמנם הפנימיות לבדו הוא העולה, ונכלל כנזכר, ולכן הוא דינא קשיא, אך ביום הב' שכבר
נכללת בחינת הפנימיות ביום הא', מכח זה גם העולמות שהם בחינת החיצוניות עולין ונכללין ביום הב', גם הם ואף גם
אז אינם עולים ונכללין מעצמם, רק ע"י הפנימיות של הנשמות וכיון שעולים העולמות עצמן ביום הב', לכן נקרא דינא
רפיא, ולטעם זה ביום א' עולה הפנימיות כדי שיהיה כח ביום ב' לעלות גם החיצוניות, משא"כ אם היה הדבר בהיפך, כי
ביום א' אי אפשר אל החיצוניות לעלות.
90

בית לחם יהודה ש"ג פ"ג - אך בקבלת שבת ובתפלה של שאר ימי החול תחלה נתקן מוחין כלים חיצונים. עיין בריש
פרק ט"ו דשער מ', ובדברינו דהתם, ד"ה ובשבת וכו'.
91

לכל עולם עולמות אבי"ע יש חיצוניות ופנימיות, החיצוניות היא עולמות בי"ע, והפנימיות הוא עולם האצילות. כאשר
החיצוניות מתחלקת לחיצוניות ופנימיות, וגם כאן החיצוניות הם עולמות בי"ע, והפנימיות עולם האצילות. והפנימיות
מתחלקת לחיצוניות ופנימיות, החיצוניות הם עולמות בי"ע, והפנימיות עולם האצילות.

תרשים ג – כ"ג.
בתפילה, חיצוניות העולמות מתוקנים על ידי מעשה של יטול ידו ויפנה, טלית קטן וטלית גדול, תפילין של יד ותפילין
של ראש. פנימיות העולמות נתקנים על ידי הקורבנות, זמירות, יוצר ושמע, ותפילת העמידה. אור מקיף נעשה על ידה
הברכות.

תיקון חיצוניות דחיצוניות דנה"י דעשיה נעשה על ידי נטילת ידים, ופנימיות דחיצוניות דנה"י דעשיה נעשה על ידי יפנה.
אור מקיף לעשיה נעשה על ידי הברכות. כמובן שיש פרטים ופרטי פרטים לכוונות של בינין העולמות ותיקונם, כאן
ההסבר הוא באופן פשוט וכללי.

תרשים ג – כ"ד.
תיקון חיצוניות דחיצוניות דנה"י דיצירה נעשה על ידי טלית גדול, ותיקון פנימיות דחיצוניות דנה"י דעשיה נעשה על ידי
טלית קטן, באותו זמן גם מתוקן חיצוניות דחיצוניות דחב"ד חג"ת דעשיה. אור מקיף ליצירה נעשה על ידי הברכה על
הטלית.

תרשים ג – כ"ה.
תיקון חיצוניות דחיצוניות דנה"י דבריאה נעשה על ידי תפילין של יד, באותו זמן גם מתוקן פנימיות דחיצוניות דחב"ד
חג"ת דעשיה, וחיצוניות דחיצוניות חב"ד חג"ת דיצירה. אור מקיף לבריאה נעשה על ידי הברכה על התפילין.

תרשים ג – כ"ו.
תיקון חיצוניות דחיצוניות דחב"ד חג"ת נה"י דאצילות נעשה על ידי תפילין של ראש, באותו זמן מתוקן פנימיות
דחיצוניות דחב"ד חג"ת דיצירה, וחיצוניות דחיצוניות דחב"ד חג"ת דבריאה. אור מקיף לעולם האצילות נעשה מאליו.

תרשים ג – כ"ז.
על ידי אמירת הקורבנות מתקנים את חיצוניות פנימיות דעשיה.

תרשים ג – כ"ח.
על ידי הזמירות מתקנים את חיצוניות פנימיות דחב"ד חג"ת נה"י דיצירה.

תרשים ג – כ"ט.
על ידי תפילת יוצר אור מתקנים את חיצוניות פנימיות דחב"ד חג"ת נה"י דבריאה. וע"י קריאת שמע מתקנים פנימיות
דחיצוניות דחב"ד חג"ת נה"י דבריאה, פנימיות דפנימיות דחב"ד חג"ת נה"י דיצירה. ופנימיות דפנימיות דחב"ד חג"ת
נה"י דעשיה.

תרשים ג – ל.
ע"י תפילת העמידה מתקנים פנימיות דפנימיות חב"ד חג"ת נה"י דאצילות, חיצוניות דפנימיות חב"ד חג"ת נה"י
דאצילות, ופנימיות דחיצוניות חב"ד חג"ת נה"י דאצילות.

גמרא ברכות ד"ח ע"א - ואמר רבי יוחנן - הרוצה לקבל עליו עול מלכות שמים שלימה, יפנה, ונוטל ידיו, ומניח
תפילין, וקורא קריאת שמע, ומתפלל, וזו היא מלכות שמים שלימה. וכל הנפנה ונוטל ידיו, ומניח תפילין וקורא קריאת
שמע ומתפלל, מעלה עליו הכתוב כאלו בנה מזבח והקריב עליו קרבן, שנאמר **(תהילים כ"ו ו)** ארחץ בנקיון כפי
ואסובבה את מזבחך ה'.

תחילה נתקן במוזזין ד**כלים חיצוניים, (ואזז"כ)** צ"ל ואח"כ. **ומוזזין** צ"ל מוחין דכלים **פנימים**, כאן יש יסוד וכלל גדול בדברי הרב ז"ל **ולכן כשתעיין** בספרינו, אל תתמה אם

שער הכוונות, דרושי תפילת השחר, דרוש ב' - על ענין הנזכר בסדר תיקון תפלת שחרית, הנה כבר נתבאר לעיל ענין התחלקותה אל ארבע עולמות אבי"ע. ועתה נבאר ענין הנזכר יותר בביאור עמוק, הנה כבר ביארנו בביאור הקדמת אדרת האזינו בסופה, הקדמה א', בענין שני בחינות שיש למעלה בכל העולמות דאבי"ע, כי בחינה אחת היא ענין חיצוניות העולמות, הוא בחינת כללות העולמות בבחינה חיצונית, הנקרא כסא הכבוד, ומלאכים, ואופנים. והבחינה השניה היא ענין פנימיות העולמות, שהם בחינת הנפשות של בני אדם דעשיה, והרוחות שביצירה, והנשמות שבבריאה, כו'. וכל בחינה מהם יש לה בחינת אור פנימי, ואור מקיף. והנה נודע מ"ש בזוה"ק פרשת ויקהל דף ר"א ע"ב, ובפרשת בהר דף ק"ב ע"א, שבתחילה צריך לעשות התיקון בבחינת המעשה שהם ד' תיקונים, והם אלו – יפנה, ויתעטף בציצית, ויניח תפילין של יד, ואח"כ תפילין של ראש. וכנגדם הם סדר קרבנות של שחר, וסדר הזמירות, וסדר יוצר, וסדר תפילת י"ח. וצריך לבאר כל זה, הנה בתחילה צריך בסוד המעשה לתקן בחינת חיצוניות כל העולמות במקומם אשר להם, והוא כי ע"י אשר יפנה צרכיו, הנה הוא מתקן עולם העשיה, בבחינה הנקראת נפש. וע"י ברכת אשר יצר שהוא סוד הבל היוצא מן הפה, בעת שמברך, הוא מתקן אור המקיף דעולם העשיה. ואח"כ ע"י הטלית שמתעטף בראשו, הוא מתקן חיצוניות עולם היצירה, הנקרא רוח, וע"י יורד אור מן בחינת הנפש דיצירה, אל בחינת הרוח אשר בעשיה, הנקרא יצירה שבעשיה, ובסוד הברכה שבציצית, נעשה אור מקיף אל היצירה. ואח"כ ע"י התפילין של יד נתקן עולם הבריאה, ואז יורד אור מן נפש דבריאה, אל הנשמה שבעשיה. וע"י הברכה נעשה אור מקיף אל הבריאה. ואח"כ ע"י תפילין של ראש נתקן עולם האצילות, האמנם בענין הברכה יש מחלוקת, לפי שמר סבר כי גם בעולם האצילות צריך לעשות ע"י מעשינו אור מקיף שלו, ולכן צריך לברך גם על תפילין של ראש, לעשות אור מקיף אליו, ומר סבר דאור מקיף דעולם האצילות שהוא בחינת נשמה לנשמה, אינו נעשה על ידינו, ומעצמו הוא נעשה, כי אין בנו כח לעשותו. והנה כל הד' עולמות נתקנו בבחינת חיצוניות, שהוא כללות העולמות בעצמם, בכללותם בבחינת אור פנימי, עם אור מקיף שלהם, ע"י אלו המצות מעשיות הנז"ל.

נהר שלום דט"ו ע"ב - בכללות ד' מעשים שהם, יפנה יטול, וב' טליתות, ותפילין של יד, ותפילין של ראש, יכוין לתקן כלים פנימיים ומקיפים דחיצוניות ופנימיות דחיצוניות, דד' עולמות אבי"ע, ויכוין להפריד מהם הקליפה, ע"י שיכוין להמשיך להם מוחין פנימים ומקיפים, עם נרנח"י דעולמות ונשמות, ע"ס שנבאר ונתקנים במקומם. ואח"ך ע"י ד' חלקי הדיבור של התפלה כידוע, יכוין לתקן כלים פנימיים ומקיפים דחיצוניות ופנימיות דפנימיות, דד' עולמות אבי"ע, ולהמשיך להם מוחין פנימים ומקיפים, עם נרנח"י פנימים ומקיפים, ולכלול ולהעלות עולם בעולם, וגם לכלול ולהעלות עמהם חיצוניות ופנימיות דחיצוניות דד' עולמות אבי"ע הנזכר, כאשר נבאר בסדר התפלה.
92

בית לחם יהודה ש"ג פ"ג – ואח"כ כלים ומוחין פנימיים. צ"ל ואח"כ מוחין ד**כלים** פנימיים וכו', כן הוא בע"ח דפוס קארעץ, וכן הוא בע"ח כתב יד. והנה בענין ב' ימים דראש השנה יש סוגיות הפוכות זה מזה, וכבר ישב אותם מהרח"ו ז"ל, בסוף פרק י' דשער י"ט, ועיי"ע בדברינו דהתם.
93

כאשר האדם נפנה, ונוטל ידיו, הוא מתקן את חצוניות עולם העשיה, פנימיות עולם העשיה נתקן אחר כך באמירת הקורבנות בתפילה, אור מקיף לעולם העשיה נעשה על ידי הברכה על נטילת ידים.

כאשר האדם מתעטף בטלית, הוא מתקן את חיצוניות עולם העשיה, פנימיות עולם העשיה נתקן אחר כך באמירת הזמירות בתפילה, אור מקיף לעולם היצירה נעשה על ידי הברכה של הטלית.

כאשר האדם מניח תפילין של יד, הוא מתקן חיצוניות עולם הבריאה, פנימיות עולם הבריאה נתקן אחר כך באמירת קריאת שמע והברכות השיכות לה, אור מקיף לעולם הבריאה נעשה על ידי הברכה של התפילין.

כאשר אדם מניח תפילין של ראש, הוא מתקן את חיצוניות עולם האצילות, פנימיות עולם האצילות נתקן אחר כך על ידי תפילת העמידה, אור מקיף לעולם האצילות נעשה מעצמו.

יש מחלוקת אם לברך על תפילין של ראש, או לא לברך. הלכה למעשה הספרדים לא מברכים, ורק חלק מהאשכנזים מברכים, מחלוקת זאת היא בגמרא, ובין הרי"ף לגאונים.

שער הכוונות, דרושי תפילת השחר, דרוש ב' – ואח"כ ע"י תפילין של ראש נתקן עולם האצילות, האמנם בענין הברכה יש מחלוקת, לפי שמר סבר כי גם בעולם האצילות צריך לעשות ע"י מעשינו אור מקיף שלו, ולכן צריך לברך גם על תפילין של ראש, לעשות אור מקיף אליו. ומר סבר דאור מקיף דעולם האצילות, שהוא בחינת נשמה לנשמה, אינו נעשה על ידינו, ומעצמו הוא נעשה, כי אין בנו כח לעשותו.

בן איש חי, שנה ראשונה וירא ו' – על ידי עטיפת הטלית נתקן חיצוניות דעולם היצירה, ועל ידי הברכה של הטלית נעשה אור מקיף דעולם היצירה. ועל ידי התפילין של יד נתקן עולם הבריאה, ועל ידי הברכה נעשה אור מקיף דעולם

פְּעָמִים יִרְאָה שֶׁכְּבָר יֵשׁ מוּזָּין אבל באמת אין מוחין, **וּפְעָמִים נִרְאָה שֶׁהֵם עֲדַיִין בִּינִיקָה** והם בגדלות, או בעיבור, **וְכַיּוֹצֵא בָּזֶה, כִּי זֶה בַּפְּנִימִיּוּת, וְזֶה בַּחִיצוֹנִיּוּת** כי כבוד ה' הסתר דבר, והרב ז"ל מסתיר את הדברים[94], ורומז אותם ברמז דק, וצריך לעיין ולדעת באיזה בחינה הרב ז"ל מדבר.

וְעַיֵּין לְעֵיל אֵיךְ כָּל פְּנִימִיּוּת נִקְרָא מוּזָא, בְּעֵרֶךְ חִיצוֹנִיּוּת, הַנִּקְרָא גּוּפָא כי הכל הוא בבחינת ערכין.

הבריאה. ועל ידי תפילון של ראש נתקן עולם האצילות, והנה בתפילין של ראש יש אומרים שצריך לברך ברכה בפני עצמה, כדי לעשות אור מקיף דעולם האצילות, ויש אומרים דאור מקיף דעולם האצילות אין בנו כח לעשותו על ידינו, אלא נעשה מאיליו, ולכן סבירא ליה דאין לברך על תפילין של ראש. והאשכנזים מברכים על תפילין של ראש כסברת הגאונים. ואנחנו בני הספרדים מברכים אחת על תפילין של יד דוקא, כסברת הרי"ף ז"ל, אך נכוין בברכה זו על תפילין של ראש גם כן, שהוא לפנינו בשעת הברכה על תפילין של יד. מיהו אם הפסיק בין תפילין של יד לתפילין של ראש בדבר דחשיב הפסק, אז יברך על תפילין של ראש – אשר קדישנו במצותיו וציונו על מצות תפילין. וכן אם אין לאדם תפילין של יד, כי אם רק תפילין של ראש, יברך עליו על מצות תפילין. וידוע הוא כי מן השמים השיבו לרבינו יעקב ממרויש ז"ל, ואת בריתי אקים את יצחק, הוא הרי"ף ז"ל. וגם לרבינו האר"י ז"ל, לא מצינו שהכריע בפירוש על הסברות הנזכרות של הרי"ף ז"ל והגאונים ז"ל, ורק זכר שתי הסברות, ופירש טעמם ונימוקם. מיהו בספר פרי עץ חיים, וגם בעולת תמיד, מצינו סתם דבריו בברכה אחת, וממרוצת לשונו משמע דנוטה אחר שיטת הספרדים לברך אחת.
94

כאן הניח הרב יסוד להבין על ידו הקדמה נפלאה, והוא סוד חיצוני ופנימי דחיצוני, וחיצוני ופנימי דפנימי. שחידשה הרש"ש ז"ל, בכל הכוונות שנמצאות בסידור הרש"ש, בעינין הפנימיות דפנימיות, חיצוניות דפנימיות, פנימיות דחיצוניות, וחיצוניות דחיצוניות. אפשר מצוא כוונות אלו לרוב בסדור הרש"ש.
תרשים ג – ל"ב.

עֵץ חַיִּים

לְרַבֵּינוּ חַיִּים וִיטַאל

שֶׁקִּיבֵּל מִמָרָן הָאֲרִ"י זלה"ה

שַׁעַר ג'

שַׁעַר סֵדֶר הָאֲצִילוּת לְמוֹהֲרֹז"ו

פֶּרֶק ג'

חֵלֶק הַתַּרְשִׁימִים טַבְלָאוֹת וְצִיּוּרִים

שִׁמְזַת חַיִּים

<u>הקדמה קצרה</u>

דע כי כל התרשימים הציורים והטבלאות, הם אך ורק לשכך את האוזן, ולשבר את העין. וכל הציורים הם לא שלמים.

כתב הרי"ח הטוב ברב פעלים ח"ב בסוד ישרים ה' - אך דע לך כי סדר התלבשות המחצבים שכתב מהרח"ו בשערי קדושה עד עולם הזה שאנחנו עומדים בו. וכן סדר התלבשות הפרצופים אשר בכל מחצב ומחצב, וסדר התלבשות העולמות זה בזה, והיושר והעיגולים, לא אית אינש דכיל למנלע רזא דנא, איך היא עשוי, איך הוא עומד, ולא אפשר לשכל אנושי לצייר כל הנזכר על אמתיתם, ועל בוריין מפני כי שכל האנושי בהיותו עצור ומונח בגוף גשמיי, אי אפשר לי להשיג דבר רוחני, והוא זה דומה לאדם סומא מן הבטן שלא ראה מאורות מימיו, דודאי אי אפשר לו לצייר מראות השמש והירח הנראין לעיני הבריות, וכל שכן מה שיש למעלה למעלה.

וכן כתב ברב פעלים ח"א בסוד ישרים א' - סוף דבר הכל נשמע, ה' אחד ושמו אחד, ואין לו גוף ולא דמות הגוף, ואין לו שום ציור, ותמונה ודמיון כלל ועיקר, וגם כל העולמות וספירות הקדושים למעלה אין להם ציור ודמיון של גופים האלה כלל, ואין מי שיוכל לידע איך הוא עמידתם וסדרם, ואיך עומדים עולמות היושר ועולמות העיגולים, ואיך מתחברים זה עם זה, ואיך נמשך השפע מזה לזה, ואיך הוא תוארם ומראיהם, ואיך הוא מהות השפע המחיה אותם, ומקיים אותם, וכמה הוא שיעור אורכם וגובהן ורחבם, ואיך הם נכללים זה בזה, ומלבישים זה לזה, כי בכל זאת אין שום שכל אנושי יוכל לדעת, ולהבין, ולהשיג, כלל ועיקר.

הרב ז"ל כתב בשער אח"פ תחילת פ"א וז"ל - כבר ידעת כי אין בנו כח לעסוק קודם אצילות עשר ספירות, ולא לדמות שום דמיון וצורה כלל ח"ו, אך לשכך האזן, אנו צריכים לדבר דרך משל ודמיון, לכן אף אם נדבר במציאות ציור שם למעלה, אין הדבר רק לשכך האזן. אמנם דע כי עשר ספירות דאצילות הם שתי עניינים. האחד הוא התפשטות הרוחניות, והשני הוא כלים ואברים אשר העצמות מתפשט בהם. והנה צריך שיהיה לכל זה שורש למעלה לשתי בחינות אלו, ולכן צריכין אנו לדבר בסדר המדרגות מראש עד סוף, והנה נתחיל ונאמר כי הלא הא"ס ב"ה אין בו שום ציור כלל ח"ו כמבואר.

הרב ז"ל כתב בשער טנת"א פ"א - והנה אף על פי שאנו מכנים וקוראים כאן כנויים אלו כגון אדם ראש אזנים וכיוצא אינו רק לשכך האזן לשיובנו הדברים לכן אנו מכנים כנויים אלו במקום גבוה, עד כאן לשונו.

וכן הרמ"ק בפרדס רימונים ש"ו פ"א - וציירו להם המקובלים צורות בירועות גדולות וקראום אילן.

הרב ז"ל כתב בסוף ש"ה פ"ד וז"ל - ואמנם דבר גלוי הוא כי אין למעלה גוף ולא כח גוף חלילה. וכל הדמיונות והציורים אלו לא מפני שהם כך חס ושלום. אמנם לשכך את האוזן לכשיוכל האדם להבין הדברים העליונים הרוחניים בלתי נתפסים ונרשמים בשכל האנושי, לכן ניתן רשות לדבר בבחינת ציורים ודמיונים, כאשר הוא פשוט בכל ספרי הזוהר. וגם בפסוקי התורה עצמה כולם כאחד עונים ואומרים בדבר הזה כמו שאמר הכתוב עיני ה' אל צדיקים. וישמע ה'. וירח ה'. וידבר ה'. וכאלה רבות וגדולה מכולם מה שאמר הכתוב ויברא אלהים את האדם בצלמו בצלם אלהים ברא אותו זכר ונקבה וגו'. ואם התורה עצמה דברה כך גם אנחנו נוכל לדבר כלשון הזה, עם היות שפשוט הוא שאין שם למעלה אלא אורות דקים, בתכלית הרוחניות, בלתי נתפשים שם כלל, וכמו שאמר הכתוב כי לא ראיתם כל תמונה, וכאלה רבות. ואמנם יש עוד דרך אחרת כדי להמשיך ולצייר בה הדברים העליונים, והם בחינת כתיבת צורת אותיות, כי כל אות ואות מורה על אור פרטי עליון, וגם תמונת זו דבר פשוט הוא כי אין למעלה לא אות, ולא נקודה, וגם זה דרך משל וציור לשכך את האוזן כנזכר. ולכן נבאר עתה הקדמה הנזכר על דרך ציור האותיות גם כן ובבחינת ציורים אלו, הן ציור האדם, והן ציור אותיות, שתיהן מוכרחים להבין ענין האורות העליונים, כאשר תראה ספרי הזוהר בנויים על שתי בחינות הציורים האלה, עד כאן לא.

ולכן גם אנחנו הרשינו לעצמינו לצייר ציורים, תרשימים וטבלאות, אך ורק כדי לשכך את האוזן, ולשבר את העין, כדי להבין את הסוגייה.

אח"י

סדר שמות שמות ההיכלות והשערים בעץ חיים

שם היכל	שער	שם השער	א	ב	ג	ד	ה	ו	ז	ח	ט	י	יא	יב	יג	יד	טו
אדם קדמון	א	עיגולים ויושר	א	ב	ג	ד	ה										
	ב	השתלשלות י"ס דרך עגו'	א	ב	ג												
	ג	סדר אצילות למהרח"ו	א	ב	ג												
	ד	אח"פ	א	ב	ג	ד	ה										
	ה	טנת"א	א	ב	ג	ד	ה	ו	ז								
	ו	עקודים	א	ב	ג	ד	ה	ו	ז	ח							
	ז	מטי ולא מטי	א	ב	ג	ד	ה										
נקודים	ח	דרושי נקודות	א	ב	ג	ד	ה	ו									
	ט	שבירת הכלים	א	ב	ג	ד	ה	ו	ז	ח							
	י	תיקון	א	ב	ג	ד	ה										
	יא	מלכים	א	ב	ג	ד	ה	ו	ז	ח	ט	י					
הכתרים	יב	עתיק	א	ב	ג	ד	ה										
	יג	א"א	א	ב	ג	ד	ה	ו	ז	ח	ט	י	יא	יב	יג	יד	
או"א	יד	או"א	א	ב	ג	ד	ה	ו	ז	ח	ט	י					
	טו	זווגים	א	ב	ג	ד	ה	ו									
	טז	הולדת או"א וזו"ן	א	ב	ג	ד	ה	ו	ז								
ז"א	יז	ז"א	א	ב	ג	ד											
	יח	רפ"ח נצוצין	א	ב	ג	ד	ה	ו									
	יט	אנ"ך	א	ב	ג	ד	ה	ו	ז	ח	ט	י					
	כ	המוחין	א	ב	ג	ד	ה	ו	ז	ח	ט	י	יא	יב			
	כא	לידת המוחין	א	ב	ג												
	כב	מוחין דקטנות	א	ב	ג												
	כג	מוחין דצלם	א	ב	ג	ד	ה	ו	ז	ח							
	כד	פרקי הצלם	א	ב	ג	ד	ה	ו	ז								
	כה	דרושי הצלם	א	ב	ג	ד	ה	ו	ז	ח							
	כו	צלם	א	ב	ג												
	כז	פרטי עי"מ	א	ב	ג	ד											
	כח	עיבורים	א	ב	ג	ד	ה										
	כט	נסירה	א	ב	ג	ד	ה	ו	ז	ח	ט						
	ל	פרצופים	א	ב	ג	ד	ה	ו	ז								
	לא	פרצופי זו"ן	א	ב	ג	ד	ה										
	לב	הארת המוחין	א	ב	ג	ד	ה	ו	ז	ח	ט						
	לג	אונאה	א	ב	ג	ד	ה										
נוק' דז"א	לד	תיקון הנוקבא	א	ב	ג	ד	ה	ו	ז								
	לה	הירח	א	ב	ג	ד	ה										
	לו	מעוט הירח	א	ב	ג	ד											
	לז	יעקב ולאה	א	ב	ג	ד	ה										
	לח	לאה ורחל	א	ב	ג	ד	ה	ו	ז	ח	ט						
	לט	מ"ן ומ"ד	א	ב	ג	ד	ה	ו	ז	ח	ט	י	יא	יב	יג	יד	טו
	מ	פנימיות וחצוניות	א	ב	ג	ד	ה	ו	ז	ח	ט	י	יא	יב	יג	יד	טו
	מא	חשמל	א	ב	ג												
אבי"ע	מב-א	דרושי אבי"ע	א	ב	ג	ד	ה	ו	ז	ח	ט	י	יא	יב			
	מב-ב	כללות אבי"ע	א	ב	ג	ד											
	מג	ציור עולמות אבי"ע	א	ב	ג	ד											
	מד	שמות	א	ב	ג	ד	ה	ו	ז								
	מה	מקיפין	א	ב	ג	ד											
	מו	כסא הכבוד	א	ב	ג	ד	ה	ו									
	מז	סדר אבי"ע	א	ב	ג	ד	ה	ו									
	מח	קליפות	א	ב	ג	ד											
	מט	קליפת נוגה	א	ב	ג	ד	ה	ו	ז	ח	ט						
	נ	קיצור אבי"ע	א	ב	ג	ד	ה	ו	ז	ח	ט	י					

תרשימים שער ג' פרק ג'

<u>טבלת ערכים</u>

עולמות	אדם קדמון	אצילות	בריאה	יצירה	עשיה
פרצופים	ע"י ורא"א	אבא	אמא	ז"א	נוקבא
ספירות	כתר	חכמה	בינה	חג"ת נה"י	מלכות
הוי"ה	קוץ של י'	י	ה	ו	ה
אורות	יחידה	חיה	נשמה	רוח	נפש
מילוי	שורש הוי"ה	ע"ב - יוד הי ויו הי	ס"ג - יוד הי ואו הי	מ"ה - יוד הא ואו הא	ב"ן - יוד הה וו הה
טנת"א	שורשים	טעמים	נקודות	תגין	אותיות
נקודות	קמץ	פתח	צרי	סגול, שוה, חולם חיריק, קבוץ, שורוק	אין ניקוד
אדם	גולגלתא	מוח ימין	מוח שמאל	גוף וברית	עטרת היסוד
מל"צ	מ - מקיף, יחידה	ל - מקיף, חיה	מוח	לב	כבד
שנגל"ה	שורש	נשמה	גוף	לבוש	היכל
י"ב פרצופים	ער"ן אאו"ן	או"א עלאין	ישסו"ת	זו"ן	יעו"ר
כל צמא	אורות	מוחין	צלמים	לבושים	כלים
אברים	מוח	עצמות	גידין	בשר	עור
חושים	מוח	ראיה	שמיעה	ריח	דיבור
מחצבים	א"ס	ספירות	נשמות	מלאכים	חושך
צלם	מ' מקיף ב'	ל' מקיף א'	צ' מוח	צ' לב	צ' כבד
דהצ"מ	אלוקות	מדבר	חי	צומח	דומם
יסודות	יולי	מים	אש	רוח	עפר
רקיעים	ערבות	ערבות	ערבות	מכון, מעון, זבול שחקים, רקיע	וילון
גלגלים	גלגל השכל	גלגל היומי	מזלות	כככבים	לבנה
היכלות	קודש קודשים	קודש קודשים	קודש קודשים	אהבה, זכות, רצון, עצם השמים, לבנת הספיר	לבנת הספיר
מילוי הוי"ה		מו - וד י יו י	לז - וד י או י	יט - וד א או א	כו - וד ה ו ה
אהי"ה		קס"א - אלף הי יוד הי	קס"א - אלף הי יוד הי	קמ"ג - אלף הא יוד הא	קנ"ב - אלף הה יוד הה

תרשים ג - א

תרשים ג - ב

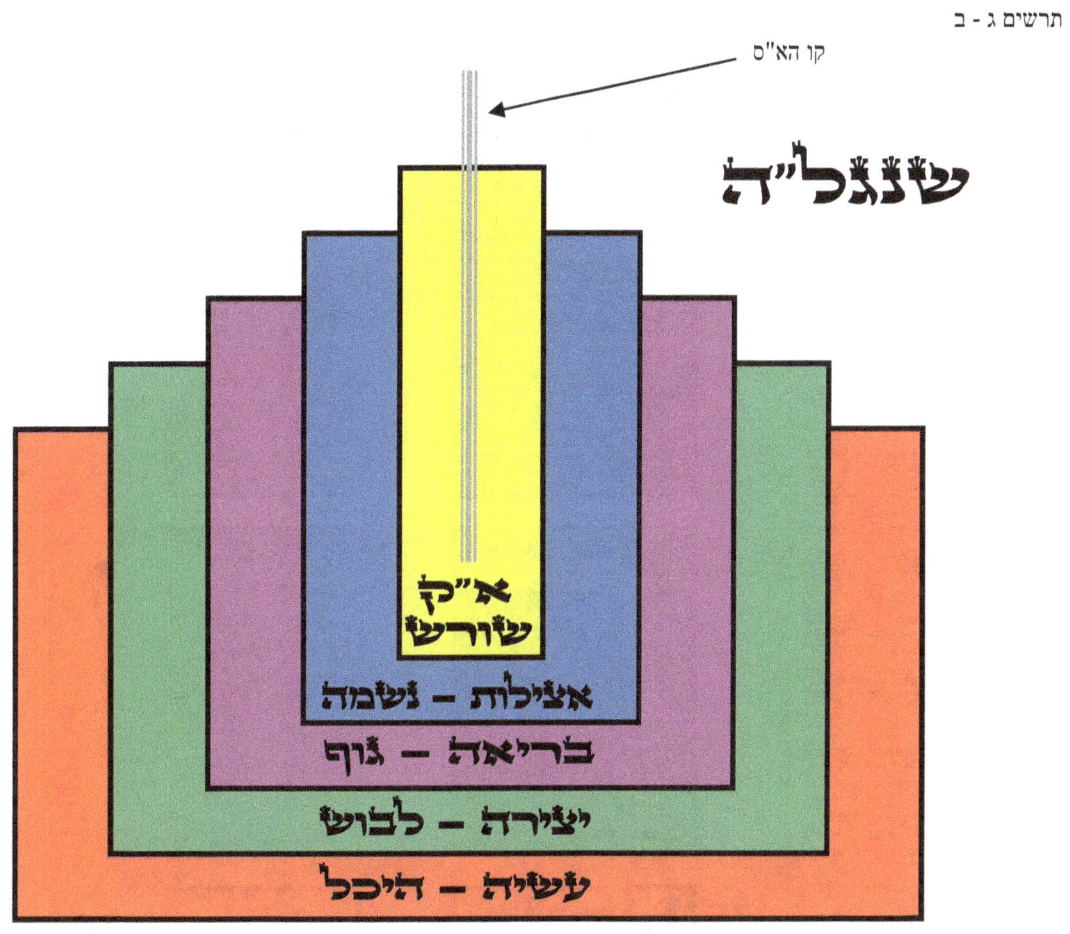

תרשימים שער ג' פרק ג'

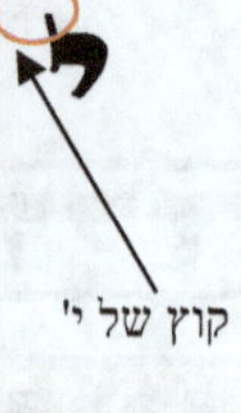

שורש

שורש · נשמה · גוף · לבוש · היכל

שורש דשורש
נשמה דשורש
גוף דשורש
לבוש דשורש
היכל דשורש

נשמה

שורש · נשמה · גוף · לבוש · היכל

שורש דנשמה
נשמה דנשמה
גוף דנשמה
לבוש דנשמה
היכל דנשמה

גוף

שורש · נשמה · גוף · לבוש · היכל

שורש דגוף
נשמה דגוף
גוף דגוף
לבוש דגוף
היכל דגוף

לבוש

שורש · נשמה · גוף · לבוש · היכל

שורש דלבוש
נשמה דלבוש
גוף דלבוש
לבוש דלבוש
היכל דלבוש

היכל

שורש · נשמה · גוף · לבוש · היכל

שורש דהיכל
נשמה דהיכל
גוף דהיכל
לבוש דהיכל
היכל דהיכל

אצי' · בריאה · יצירה · עשיה

שורש

עמודה ימנית	עמודה אמצעית	עמודה שמאלית
א"ק קוץ של י'	א"ק / אצילות / בריאה / יצירה / עשיה	א"ק דא"ק / אצילות דא"ק / בריאה דא"ק / יצירה דא"ק / עשיה דא"ק

נשמה — אצילות — י

אצילות	א"ק / אצילות / בריאה / יצירה / עשיה	א"ק דאצילות / אצילות דאצילות / בריאה דאצילות / יצירה דאצילות / עשיה דאצילות

גוף — בריאה — ה

בריאה	א"ק / אצילות / בריאה / יצירה / עשיה	א"ק דבריאה / אצילות דבריאה / בריאה דבריאה / יצירה דבריאה / עשיה דבריאה

לבוש — יצירה — ו

יצירה	א"ק / אצילות / בריאה / יצירה / עשיה	א"ק דיצירה / נשמה דיצירה / בריאה דיצירה / יצירה דיצירה / עשיה דיצירה

עשיה — ה

עשיה	א"ק / אצילות / בריאה / יצירה / עשיה	א"ק דעשיה / אצילות דעשיה / בריאה דעשיה / יצירה דעשיה / עשיה דעשיה

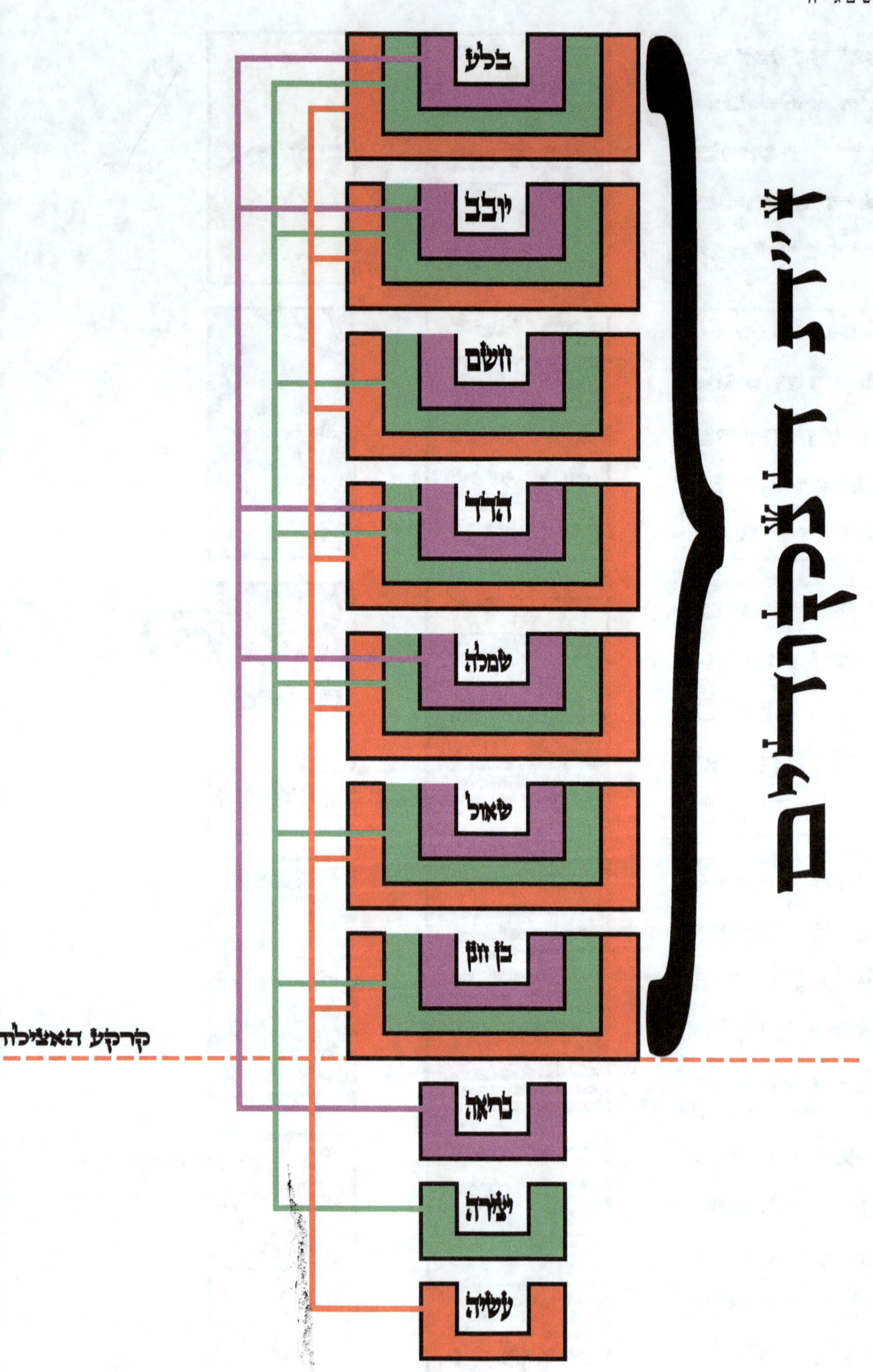
מלכי אדום
בלע
יובב
חושם
הדד
שמלה
שאול
בן חנן
קרקע האצילות
בריאה
יצירה
עשיה

תרשים ג - ו

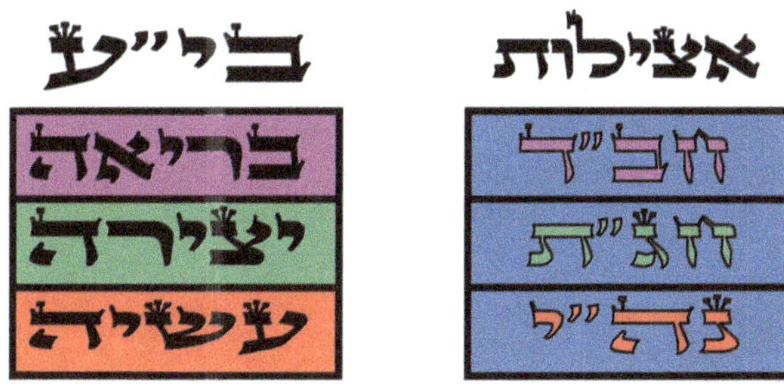

תרשים ג - ז

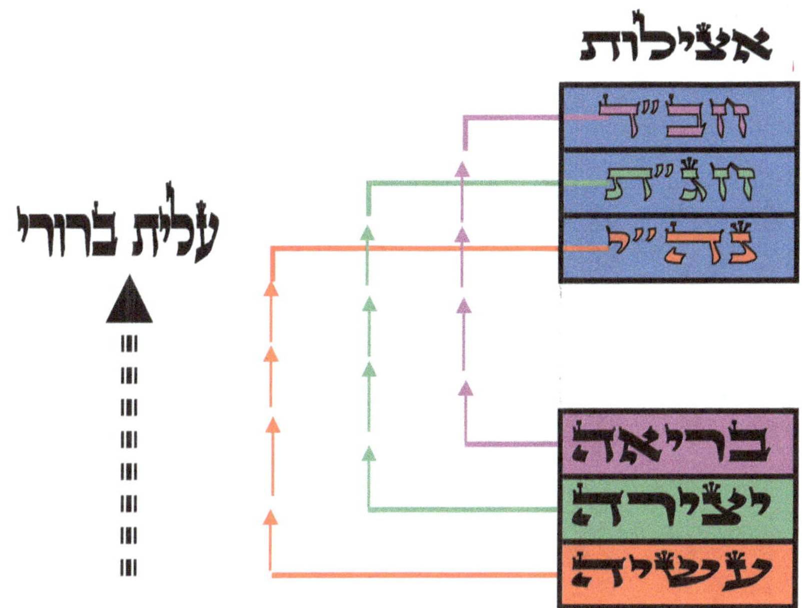

תרשים ג - ח

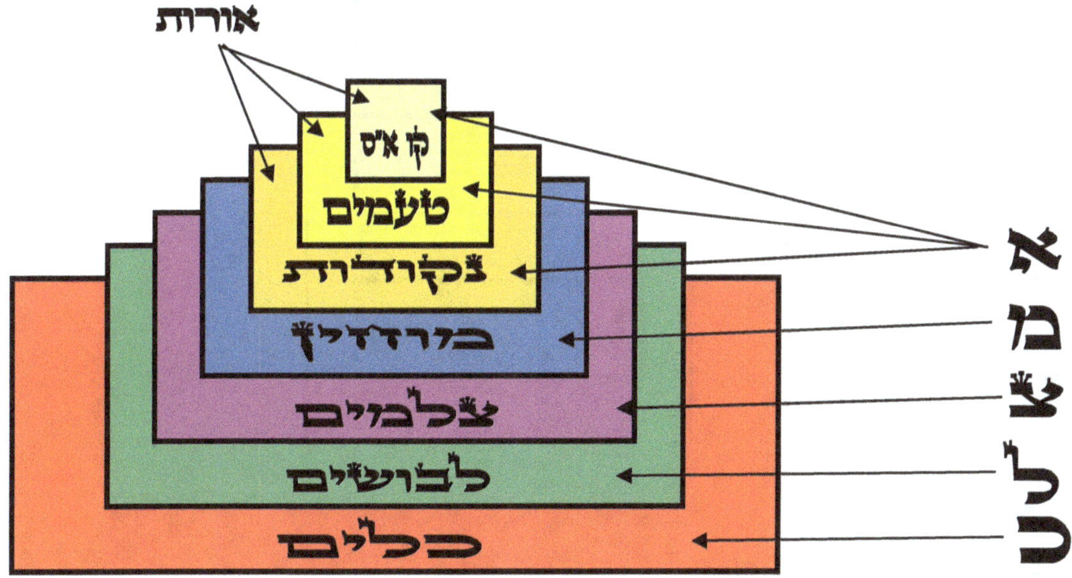

תרשים ג - ט

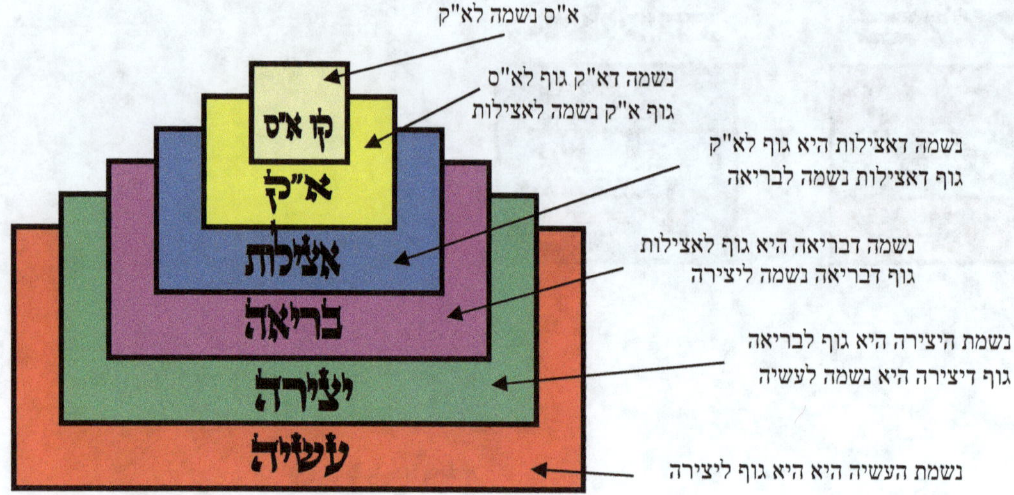

תרשים ג - י

תרשים ג - י"א

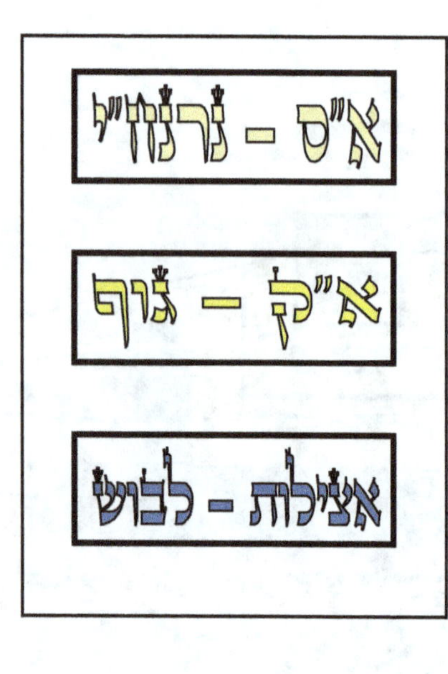

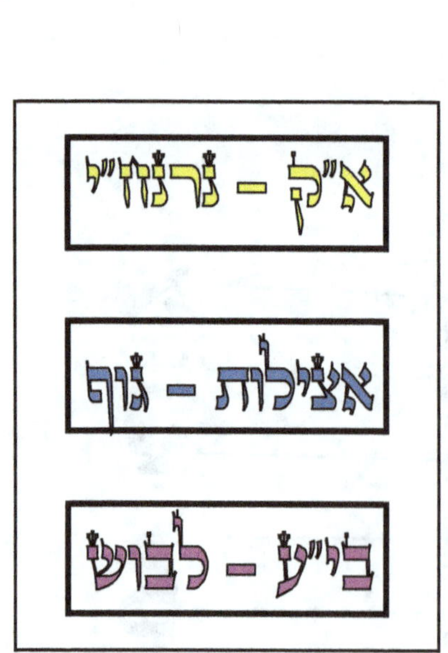

תרשים ג - י"ב

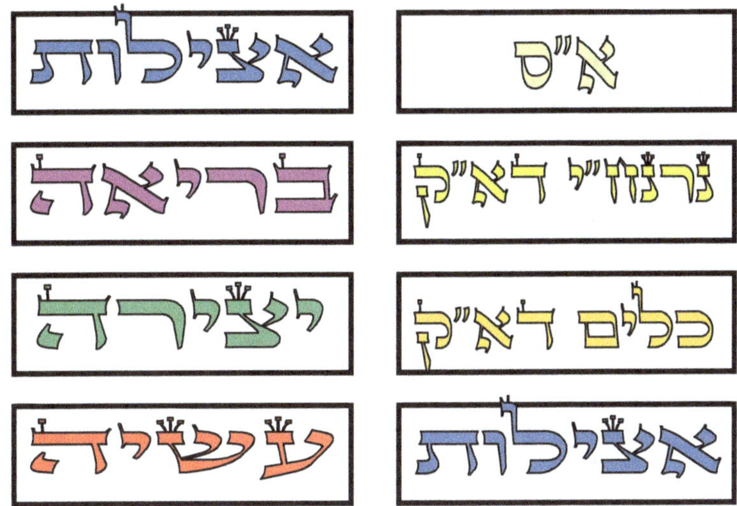

תרשים ג - י"ג

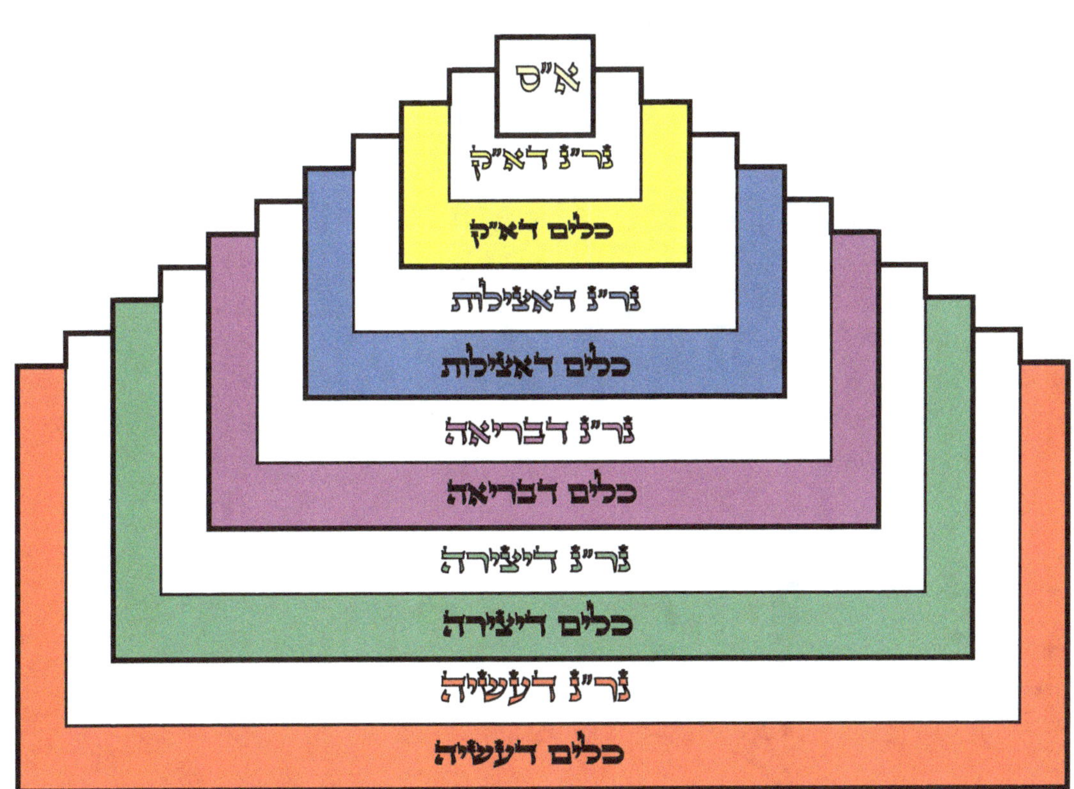

תרשים ג - י"ד

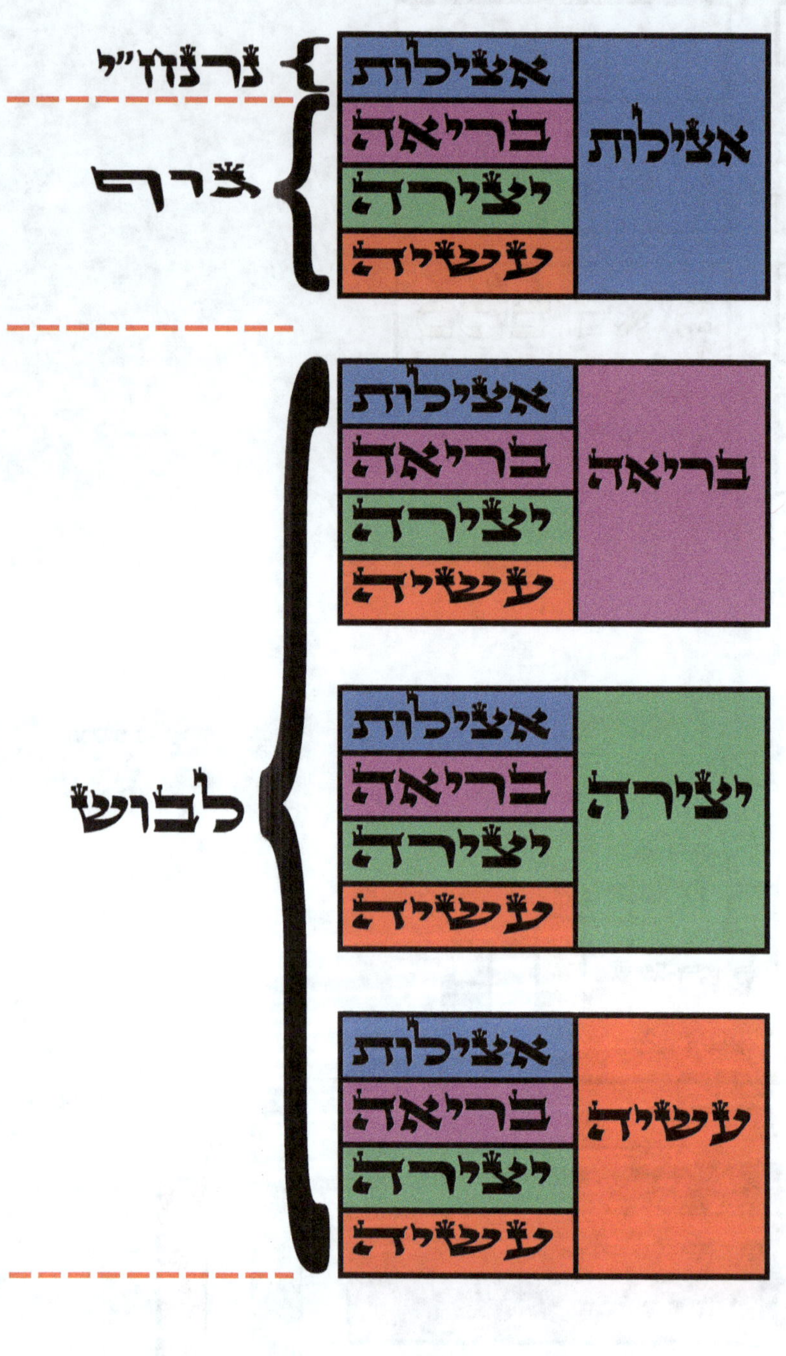

תרשים ג - ט"ו

תרשים ג - ט"ז

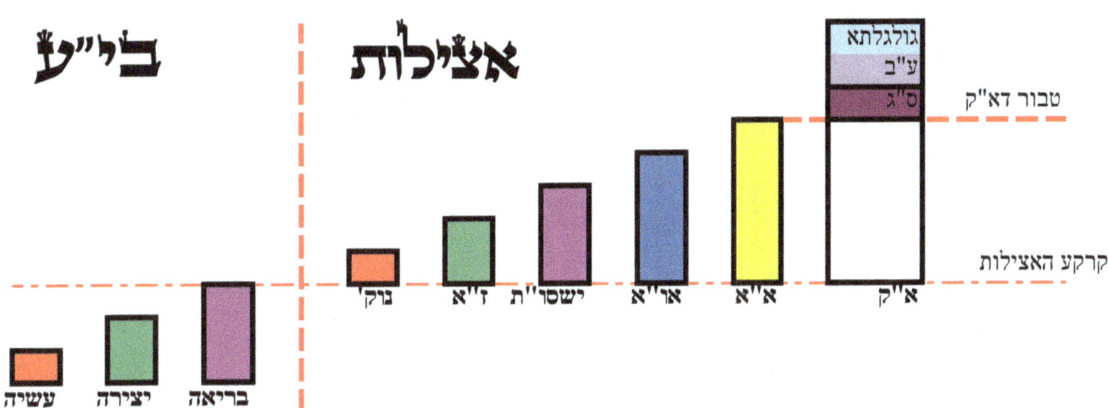

תרשים ג - י"ז

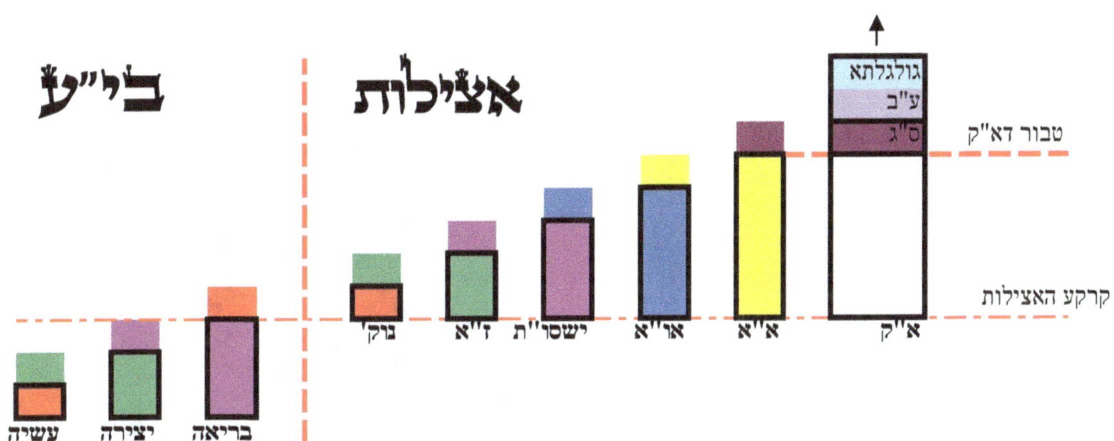

תרשים ג - י"ח

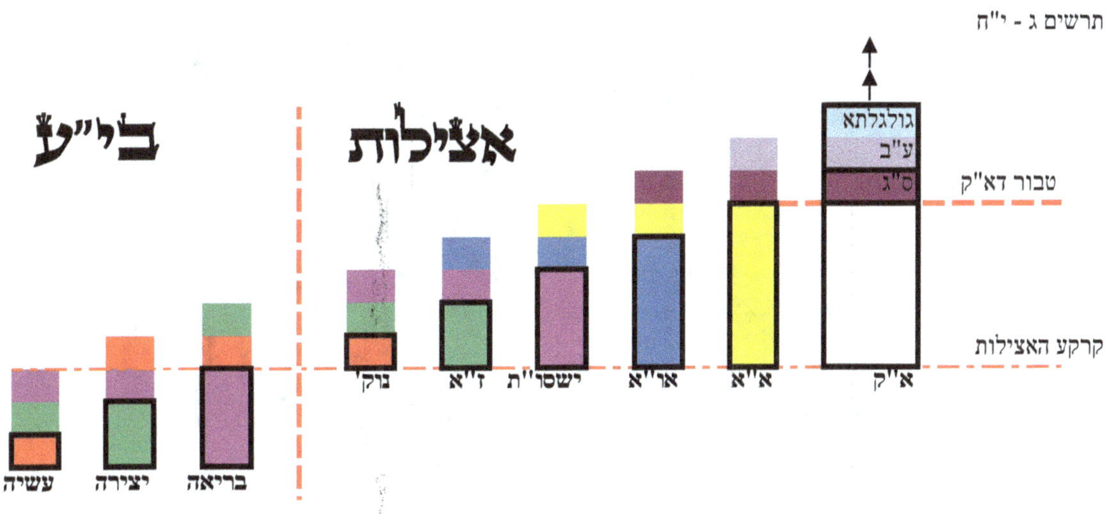

תרשים ג - י"ט

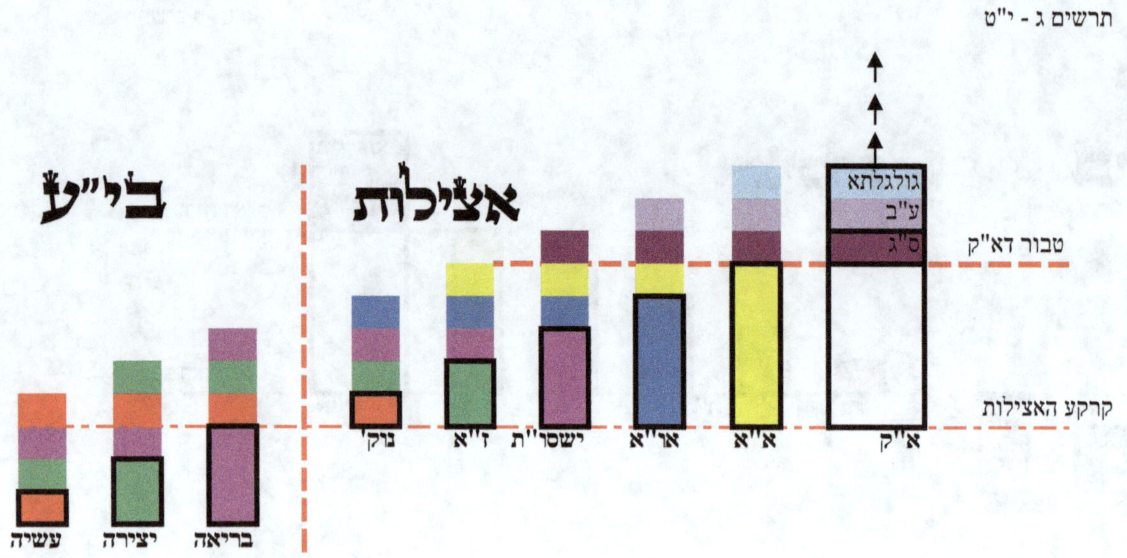

תרשים ג - כ

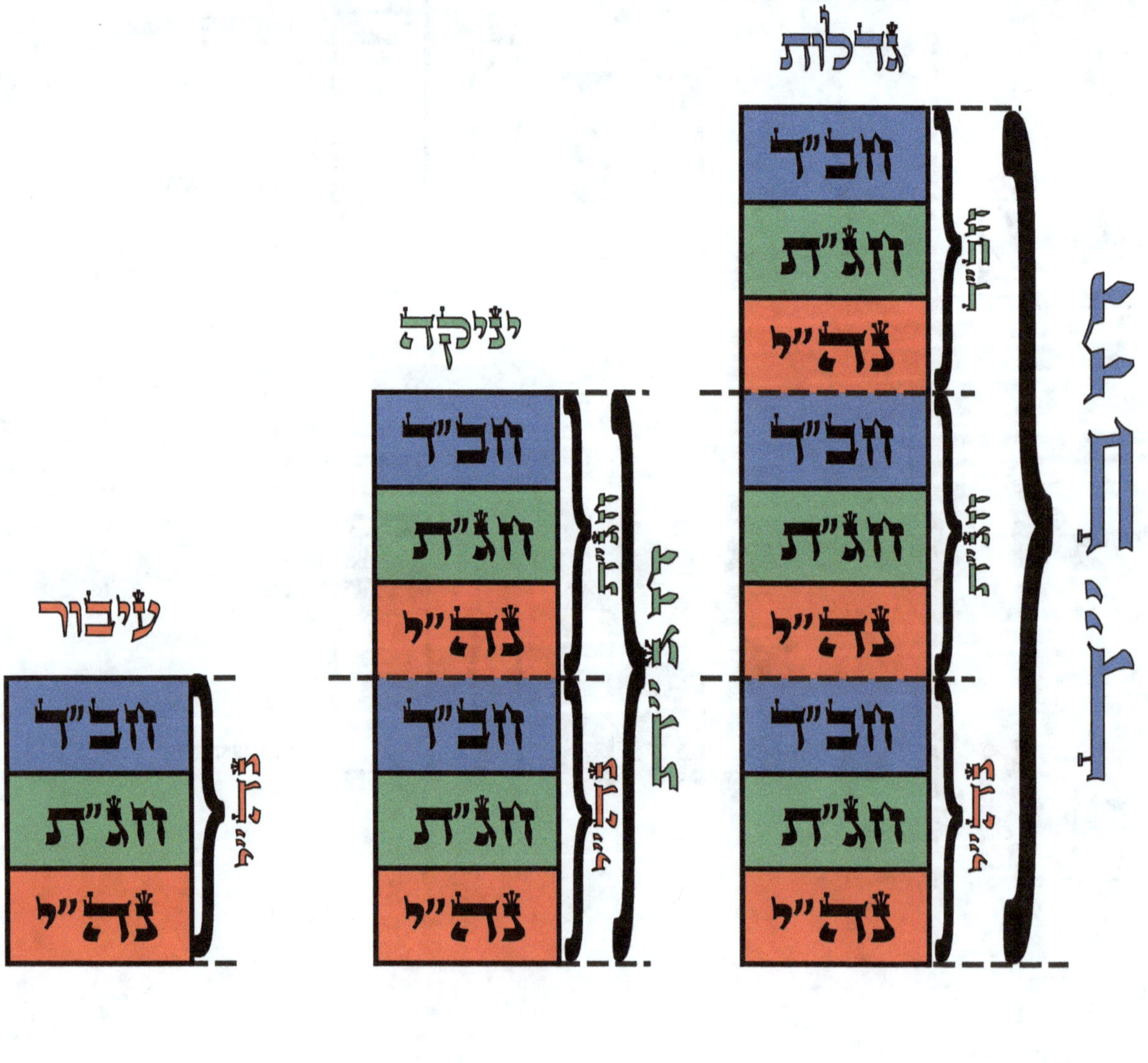

תרשים ג - כ"א

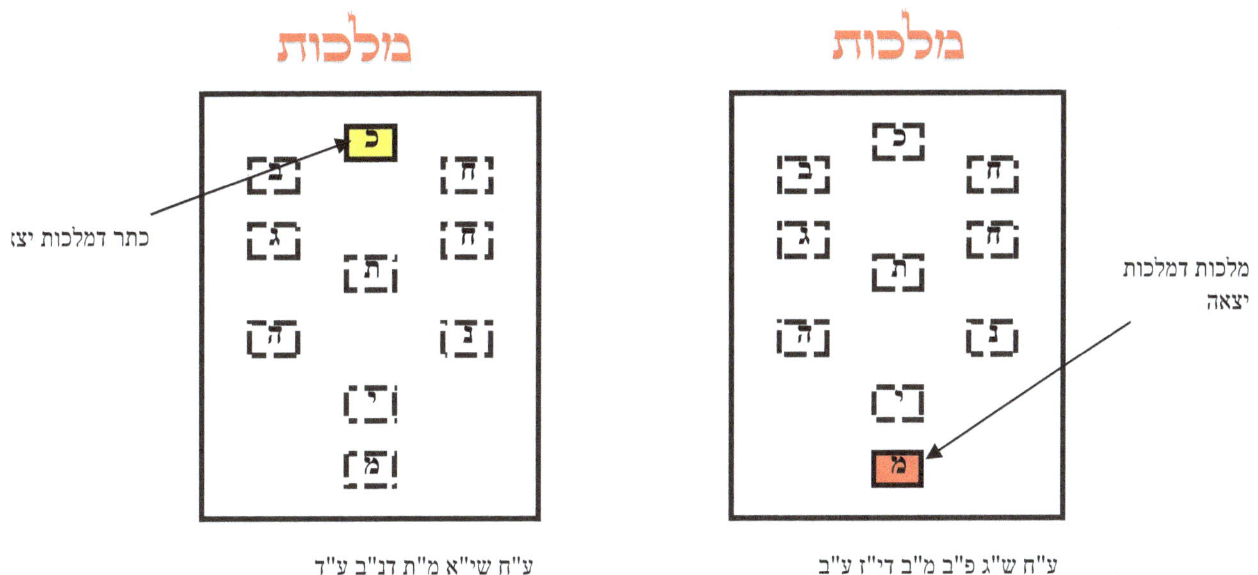

תרשים ג - כ"ב

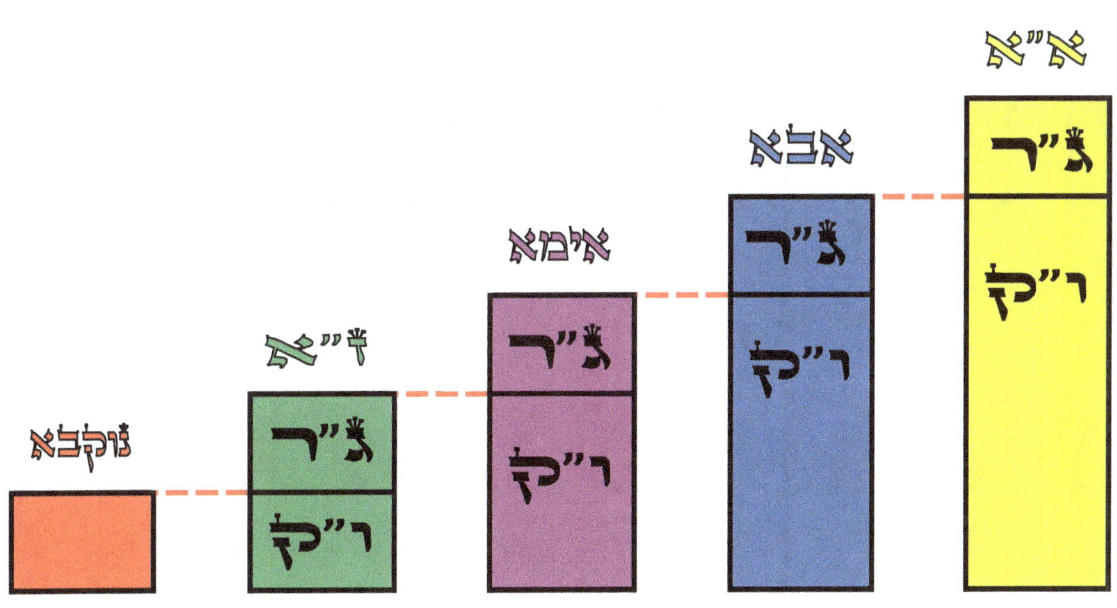

אֲצִילוּת

פְּנִימִיּוּת		חִיצוֹנִיּוּת	
פְּנִימִיּוּת	**חִיצוֹנִיּוּת**	פְּנִימִיּוּת	**חִיצוֹנִיּוּת**
אֲצִילוּת	**בי"ע**	אֲצִילוּת	**בי"ע**

בְּרִיאָה

פְּנִימִיּוּת		חִיצוֹנִיּוּת	
פְּנִימִיּוּת	**חִיצוֹנִיּוּת**	פְּנִימִיּוּת	**חִיצוֹנִיּוּת**
אֲצִילוּת	**בי"ע**	אֲצִילוּת	**בי"ע**

יְצִירָה

פְּנִימִיּוּת		חִיצוֹנִיּוּת	
פְּנִימִיּוּת	**חִיצוֹנִיּוּת**	פְּנִימִיּוּת	**חִיצוֹנִיּוּת**
אֲצִילוּת	**בי"ע**	אֲצִילוּת	**בי"ע**

עֲשִׂיָּה

פְּנִימִיּוּת		חִיצוֹנִיּוּת	
פְּנִימִיּוּת	**חִיצוֹנִיּוּת**	פְּנִימִיּוּת	**חִיצוֹנִיּוּת**
אֲצִילוּת	**בי"ע**	אֲצִילוּת	**בי"ע**

תרשים ג - כ"ד

עֲשִׂיָּה

תרשים ג - כ"ה

יְצִירָה

עֲשִׂיָּה

תרשים ג - כ"ו

בריאה

פנימיות	
חיצוניות	פנימיות
חב"ד חב"ד	
חג"ת חג"ת	
נה"י נה"י	

חיצוניות	
חיצוניות	פנימיות
חב"ד חב"ד	
חג"ת חג"ת	
נה"י נה"י	

תפילין של יד

יצירה

פנימיות	
חיצוניות	פנימיות
חב"ד חב"ד	
חג"ת חג"ת	
נה"י נה"י	

חיצוניות	
חיצוניות	פנימיות
חב"ד חב"ד	
חג"ת חג"ת	
נה"י נה"י	

עשיה

פנימיות	
חיצוניות	פנימיות
חב"ד חב"ד	
חג"ת חג"ת	
נה"י נה"י	

חיצוניות	
חיצוניות	פנימיות
חב"ד חב"ד	
חג"ת חג"ת	
נה"י נה"י	

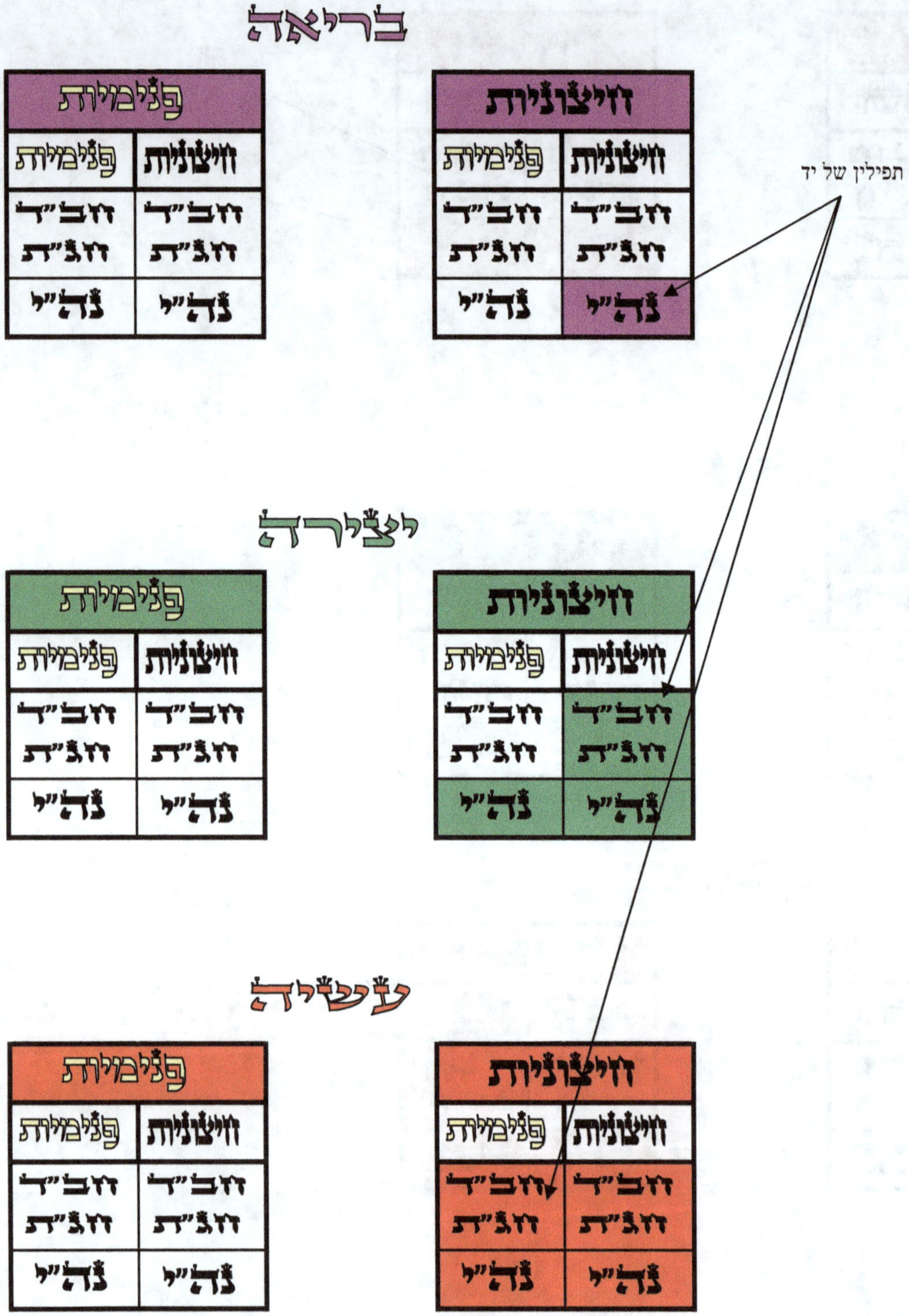

תרשים ג - כ"ז

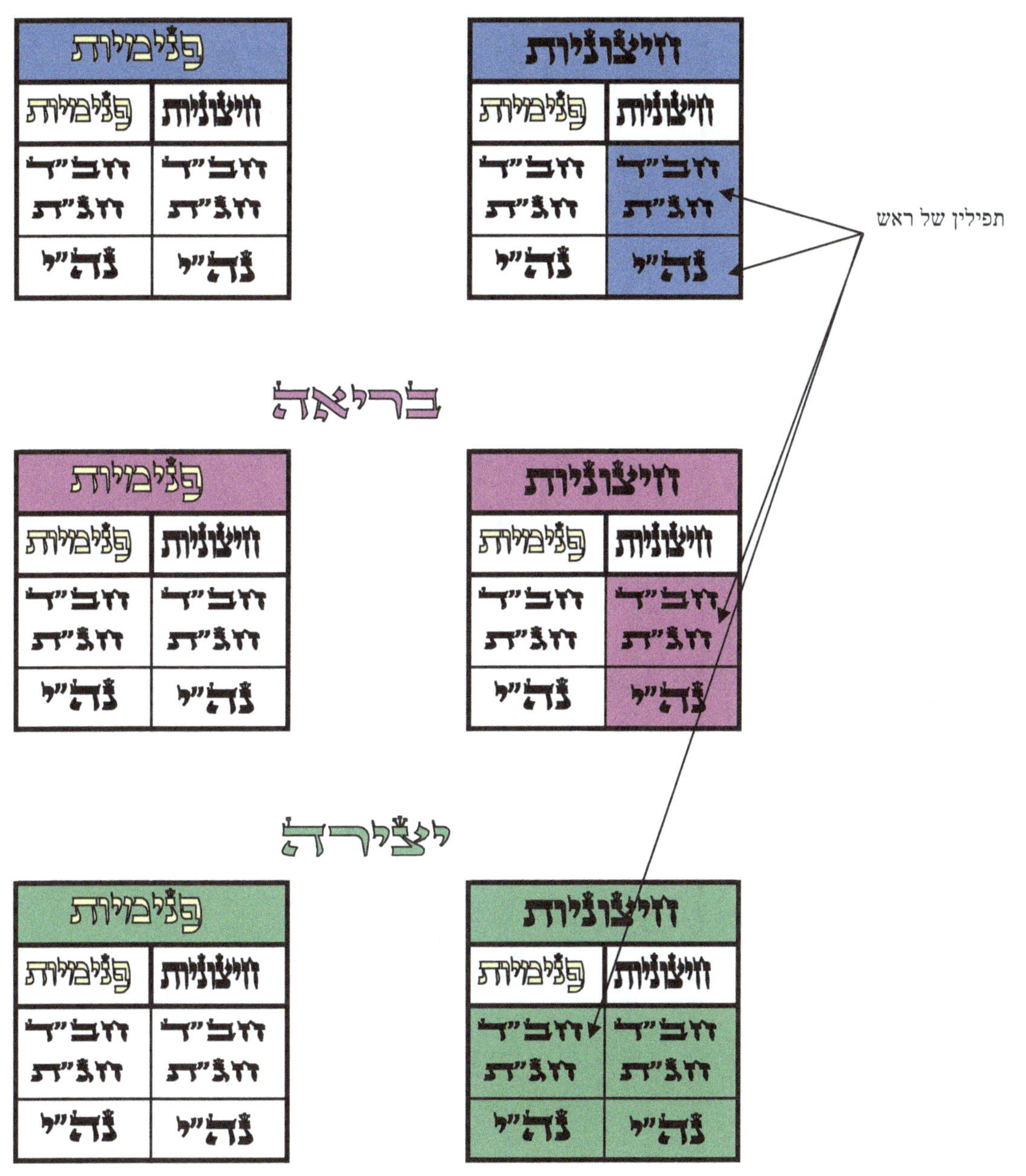

תרשימים שער ג' פרק ג'

תרשים ג - כ"ח

אצילות

חיצוניות	
חיצוניות	פנימיות
חב"ד חג"ת	חב"ד חג"ת
נה"י	נה"י

פנימיות	
חיצוניות	פנימיות
חב"ד חג"ת	חב"ד חג"ת
נה"י	נה"י

בריאה

חיצוניות	
חיצוניות	פנימיות
חב"ד חג"ת	חב"ד חג"ת
נה"י	נה"י

פנימיות	
חיצוניות	פנימיות
חב"ד חג"ת	חב"ד חג"ת
נה"י	נה"י

יצירה

חיצוניות	
חיצוניות	פנימיות
חב"ד חג"ת	חב"ד חג"ת
נה"י	נה"י

פנימיות	
חיצוניות	פנימיות
חב"ד חג"ת	חב"ד חג"ת
נה"י	נה"י

עשיה

קורבנות

חיצוניות	
חיצוניות	פנימיות
חב"ד חג"ת	חב"ד חג"ת
נה"י	נה"י

פנימיות	
חיצוניות	פנימיות
חב"ד חג"ת	חב"ד חג"ת
נה"י	נה"י

אצילות

פנימיות	
חיצוניות	פנימיות
חב"ד חג"ת נה"י	חב"ד חג"ת נה"י

חיצוניות	
חיצוניות	פנימיות
חב"ד חג"ת נה"י	חב"ד חג"ת נה"י

בריאה

פנימיות	
חיצוניות	פנימיות
חב"ד חג"ת נה"י	חב"ד חג"ת נה"י

חיצוניות	
חיצוניות	פנימיות
חב"ד חג"ת נה"י	חב"ד חג"ת נה"י

יצירה

פנימיות	
חיצוניות	פנימיות
חב"ד חג"ת נה"י	חב"ד חג"ת נה"י

חיצוניות	
חיצוניות	פנימיות
חב"ד חג"ת נה"י	חב"ד חג"ת נה"י

זמירות

עשיה

פנימיות	
חיצוניות	פנימיות
חב"ד חג"ת נה"י	חב"ד חג"ת נה"י

חיצוניות	
חיצוניות	פנימיות
חב"ד חג"ת נה"י	חב"ד חג"ת נה"י

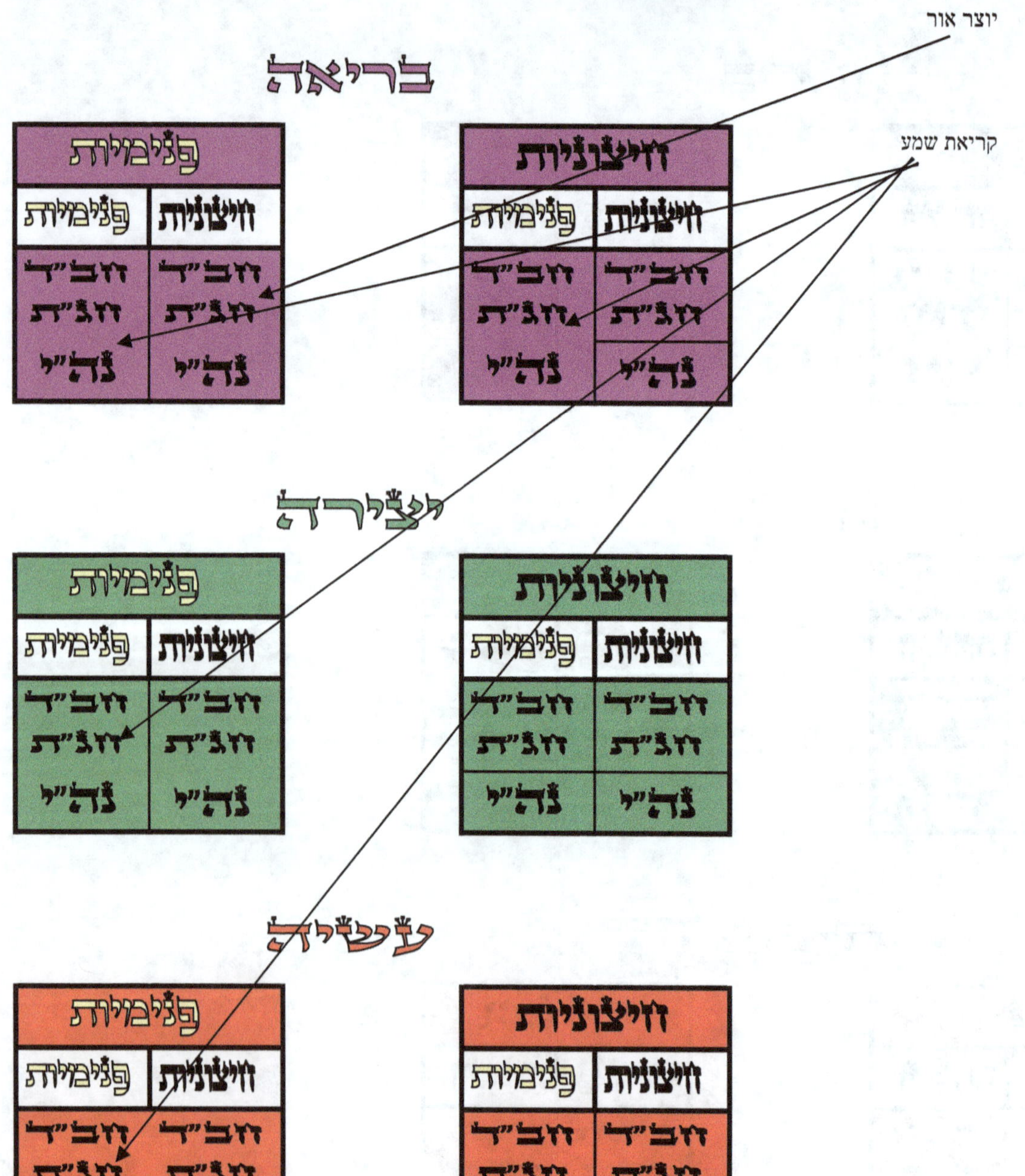
אצילות
פנימיות
חיצוניות
בריאה
יצירה
עשיה
יוצר אור
קריאת שמע
פנימיות
חיצוניות
חב"ד
חג"ת
נה"י

תרשים ג - ל"א

אֲצִילוּת

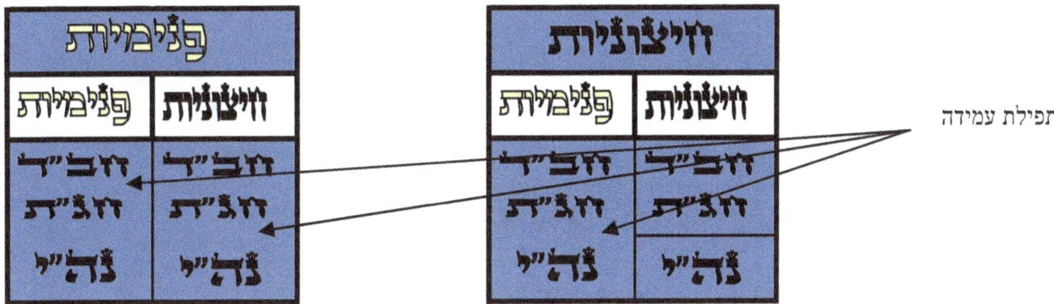

בְּרִיאָה

יְצִירָה

עֲשִׂיָּה

תרשים ג - ל"ב

חיצוניות דפנימיות

פנימיות דפנימיות

סידור תפלה להרש"ש

ואלהי יעקב   פנימיות דפנימיות

חילוניות דפנימיות

מקיפי דס"י דחו"ב

אֶהְיֶה אֶהְיֶה אֶהְיֶה   אֶהְיֶה אֶהְיֶה   אוהיוותהו אוהיוותהו פ"ת ליסוד
יְהֺוָה יְהֺוָה יְהֺוָה   יְהֺוָה יְהֺוָה   יוהוווהו יוהוווהו אבא (א)

וד י י ן י

אֶהְיֶה אֶהְיֶה   אהיה אהיה אהיה   אֶהְיֶה אֶהְיֶה פ"פ ליסוד
יְהֺוָה יְהֺוָה   יהוה יהוה יהוה   יְהֺוָה אימא (ב)

אוהיוותהו אוהיוותהו אוהיוותהו אוהיוותהו
יוהוווהו יוהוווהו יוהוווהו יוהוווהו

ג' כלי דעת

יוד הי ויו הי
יוד הי ואו הי
יוד הה וו הה

לדת"י דפר' אמלעי דחכמה דכתר
דבינה דחילוניות דפנימיות דמ"ה וב"ן דז"א

(ג) להמשיך מ"ו ללאה סיולאת מעטרת
יסוד דאבא הדבוקה ביסוד דאימא ממוח
מסדים דאבא. וד י יו י

פנימיות דחיצוניות

פנימיות דחילוניות   מקיפי דדת"י דדעת

וד י או י   דמקיפי מג"ת   ן דואלהי היא הדעת עלמה גם הוא
וד י או י   דמקיפי' שבת"ת   כנגד ו' בחי' דמוחין שהם חו"ב ודעת
ה מחב"ד הפנימיים   העליון וב' עטרין ודעת התחתון
י מקולא דספרי   שבניהם.

וד י או י אל מקיף דת"ת דאימא מחוץ למוח דז"א מקיף לדעת דז"א.
ן דעת תחתון וג' יודין שקבל מחב"ד דמקיף שבת"ת דאימ' לדת"י דפר' חילון דז"א.
י דעת ה למחין בג"ה דת"י דדעת הסמחבר זו"ן פסיטה למל' שבו.
י ת"ת   מבין ב' נוקבין
ו
י יסוד א לנס"י דנוק' לשון יסוד דפה דז"א